本书系“乐山师范学院高层次人才引进科研启动项目”（项目编号RC2023028）结项成果

当代大学生
自律行为养成研究

张雯娟 著

plan 1

plan 2

plan 3

plan 4

plan 5

plan 6

中国社会科学出版社

图书在版编目（CIP）数据

当代大学生自律行为养成研究 / 张雯娟著. -- 北京 : 中国社会科学出版社, 2024. 8. -- ISBN 978-7-5227-3846-8

Ⅰ. G641. 6

中国国家版本馆 CIP 数据核字第 2024813QC8 号

出 版 人 赵剑英
责任编辑 杨晓芳
责任校对 夏慧萍
责任印制 张雪娇

出　　版 中国社会科学出版社
社　　址 北京鼓楼西大街甲 158 号
邮　　编 100720
网　　址 http://www.csspw.cn
发 行 部 010－84083685
门 市 部 010－84029450
经　　销 新华书店及其他书店

印　　刷 北京君升印刷有限公司
装　　订 廊坊市广阳区广增装订厂
版　　次 2024 年 8 月第 1 版
印　　次 2024 年 8 月第 1 次印刷

开　　本 710×1000　1/16
印　　张 14. 75
插　　页 2
字　　数 191 千字
定　　价 88. 00 元

序　言

当代大学生自律行为养成是当前思想政治教育研究亟须重视的一个问题。大学生是当代优秀青年的标杆，是国家建设不容或缺的主力军。在崭新的历史时代，加强大学生自律行为的培养显得尤为重要。当代大学生自律行为养成有助于提高大学生的思想道德水平，有助于提升大学生的自我管理能力，有助于实现大学生的人生价值理想。同时还应该看到，当代大学生自律行为养成既富含普遍性的教育要素，又具有明显的时代特征；既受到教育发展规律的影响，又显露出大学生群体教育的显著特色。它是主导性与主体性的结合、理论性与实践性的统一、他律性与自律性的交互。

当代大学生自律行为养成的研究，既需要分析理论上的脉络，也需要把握实践中的基本状况。从理论脉络来看，当代大学生自律行为养成具有深厚的理论基础。马克思主义是当代大学生自律行为养成的行动指南。为了更好地推进当代大学生自律行为养成，从马克思主义创始人到历代中国共产党领导人关于“自律”思想的指导都是不可或缺的。中国传统的“慎独”“诚身”“自省”等自律以及思想，古希腊的“节制”思想，文艺复兴时期的“理性”思想，以及近现代西方的“自律”思想都可以成为当代大学生自律行为养成的思想资源。从实践状况来看，当代大学生自律行为养成是成就与问题相互交织。通过调查研究发现，当前社会各界对大学生的养成教育给予了广泛关注，该群体自身的自律思想也明显加强，其自律行为总体尚好。但是，大学生自律行为养成也存在自律行为养成教育理念不够、自律行为养成环境有待优化、自律行为养成主体意识不强、自律行为养成效果有待提升等问题。

当代大学生自律行为养成既需要明确的教育目标和教育内容，也需要清晰的评价体系。目标决定教育方向，自律行为养成的目标是制订和实施教育计划的中心轴。当代大学生自律行为的养成目标是提高文明修养、养成健康人格、强化责任担当。当代大学生自律行为养成的主要内容包括：道德自律行为、法纪自律行为、学习自律行为、网络自律行为、生活自律行为。为了检验教育目标是否达成、教育内容是否适宜，需要有科学的评价体系。具体来说，主要从大学生自律行为养成要素结构出发，考察在大学生自律行为养成过程中，各教育要素功能的实现程度。在实际工作中，大学生自律行为养成的主体、客体、内容、方法、载体和环境要素隐性地内涵于自律行为养成教学的整体活动中。鉴于此，当代大学生自律行为养成应以目标体系、组织管理、教学管理、协同管理等为评价体系的主要维度。

当代大学生自律行为养成需要有切实可行的实践路径。在具体的实践过程中，当代大学生自律行为养成明显是一项系统的工程，涉及多个方面的要素。单维度地推进当代大学生自律行为养成实际上是无法取得成功的。有效地推进当代大学生自律行为养成，既需要系统的机制，也需要现实的路径，更需要具体的养成方法。当代大学生自律行为养成既有内在生成机制，也有外在培育机制。从具体途径来说，当代大学生自律行为养成需要营造社会氛围发挥支持作用，坚守高校阵地发挥引导作用，重视家庭教育发挥基础作用，加强大学生个体的自我教育。当代大学生自律行为养成的主要方法有榜样示范法、实践体验法、慎独内省法、评估反馈法。

本书拟对当代大学生自律行为养成进行研究，主要研究创新点包括三个方面。

一　在研究视角方面

目前，关于大学生自律的研究侧重于道德自律、网络自律等，且集中于大学生自律意识的探究。自律意识和自律行为都是实现自我控制和自我管理的重要组成部分，但前者更侧重于认知和自我评估，后者更侧重于实际行动和成果。本书以大学生自律行为为视角，侧重于实际生活中行为转化，是对大学生自律意识的深化与实践。

二　在研究内容方面

行为养成涉及教育对象认知、情感、意志和行为等各方面内容。为此，本书关注当代大学生自律行为养成，形成当代大学生自律行为养成目标、内容、方法、路径等系统化的逻辑方案，并且构建了系统科学的当代大学生自律行为养成评价体系，为当代大学生自律行为养成提供了一套可行性方案。本次研究在构建当代大学生自律行为养成评价体系时，在内容上不仅关注高校的主导作用，而且融入家庭、社会、个人等相关因素；在方法上基于多重筛选手段进行指标遴选，而且还对选择指标进行了检验和评判，从而形成了一个经得起实践检验的分析模型。

三　在研究方法方面

本书采用定性与定量相结合的方法展开研究，以充实研究结论。通过文献研究法和总结归纳法，厘清当代大学生自律行为养成的基本成果与发展态势，并梳理大学生自律行为养成的理论渊源，作为研究的理论基础。在此基础上，采用问卷调查法和德尔菲法，获得相关数据，进行当代大学生自律行为养成的定量分析，为当代大学生自律行为养成研究提供基本素材与数据。

几个方面：

一、在研究视角方面

二、在研究内容方面

目　　录

第一章　绪论

第一节　选题缘由与研究意义

一　选题缘由

自律是左右个体发展的内在因素，他律是帮助个体发展的外在条件。培育学生良好的道德素养、向上的精神气质、过人的综合能力，关键在于增强学生内驱力，强化学生的自律行为。中国特色社会主义进入新时代，国际局势发生了巨大的变化，呈现出复杂化特征，所以应当对大学生自律行为养成问题给予更多关注，尤其需要突出大学生自律行为的教育。理论研究是教育实践的先导，加强当代大学生自律行为培养首先要推进当代大学生自律行为养成研究。当代大学生自律行为养成研究，是一个关系到学生自身发展、高校教育管理与国家教育发展的重大问题。加强当代大学生自律行为养成研究，既是建设道德社会的要求，同时也是网络时代的诉求，对学生个人、高校以及国家都有重要意义。

（一）应对时代发展的要求

首先，这是应对国内复杂形势的必然要求。当前，国内外社会环境异常复杂。从国际上看，当今世界正经历百年未有之大变局，国际形势复杂多变。随之而来的是，多种文化和西方思潮持续入侵，享乐主义、拜金主义、个人主义等各种不良思想对我国大学生造成思想侵蚀，严重威胁我国意识形态安全。从国内看，中华民族伟大复兴进入不可逆转的历史进程。随着现代化强国建设深入推进，各项改革和建设任务叠加，特别是市场经济实现了高度繁荣，一些大学生难以对经济发展和社会主义建设目标存在的关系做出科学判别，在经济利益的驱使下，被蒙蔽了双眼，误入道德歧途，形成了诸多错误的思维理念，比如利益至上、拜金主义等。

其次，这是培养社会主义接班人的必然要求。党的二十大报告指出：中共中央发布的二十大报告明确强调："应当积极践行中国共产党的教育方针，完成立德树人的历史使命，为社会培育一大批德智体美劳全面发展的合格社会主义建设主力军。"① 毋庸置疑的是，大学生群体是中国特色社会主义事业的建设者和接班人，肩负着科技创新、社会生产、文化缔造、法治完善、实现中华民族伟大复兴的历史重任。培养当代大学生不仅要提升他们的知识能力，还要增强他们的综合能力。习近平总书记多次提到，教育创新要紧跟时代的步伐，建立健全立德树人落实机制，变革传统落后的教育评价制度，转变社会唯分数、唯学历、唯升学、唯论文这种根深蒂固的不良风气，增强自律行为就是培养大学生综合能力的关键环节。只有拥有良好的自律行为，大学生才能承担起党和国家赋予的历史使命，才能扮演好社会主义接班者的角色。

最后，这是满足社会主义现代化建设人才需求的重要路径。新世纪，现代化国家的建设需要诸多优质人才来提供支持。社会主义现代化建设需要的是德、智、体、美、劳全面发展之人。对于大学生而言，自律是实现德、智、体、美、劳全面发展的重要前提和保障。自律是

---

① 《高举中国特色社会主义伟大旗帜　为全面建设社会主义现代化国家而团结奋斗——在中国共产党第二十次全国代表大会上的报告》，人民出版社 2022 年版，第 34 页。

综合素质的核心内容，自律能力的强弱直接关系到社会发展、高校管理、家庭幸福和个人进步等重要问题。然而，部分大学生在日常生活中自律意识严重缺失，造成了大学生学业成绩不佳、学习兴趣不高、生活习惯不良、拜金主义和个人主义严重、网络游戏上瘾等现象，特别是某些大学生还涉及刑事犯罪，更是令人触目惊心，严重影响社会主义现代化人才培养目标的实现。因此，提高大学生道德水准和自我控制能力显得尤为紧迫，大学生只有养成自律行为，才能严于律己，自觉主动约束言行，满足社会主义现代化建设的现实需要。

（二）高校素质教育改革的要求

现阶段，新型的技术手段层出不穷，国与国的竞争陷入了白热化状态。在这一背景下，人才的数目与质量逐渐变成衡量国家综合实力的重要依据，教育在综合国力的形成中处于基础地位。这对于培养和造就担当民族复兴大任的时代新人提出了更加迫切的要求。从历史来看，我国教育事业的改革与发展取得了令人瞩目的成就。但是，在新形势下，受主观和客观等诸多要素的协同影响，中国在教育思想、制度、方式、内容等方面均表现得较为落后，这使得青年群体在实现全面发展过程中面临巨大阻力，很难达到国际竞争对人才的现实需要。推动教育改革的关键是推进素质教育。素质教育中自然包括对学生群体自律行为实施养成教育。

在稳步推进素质教育时，应当对学生群体的自律行为养成给予高度关注，强化教育力度。素质教育旨在将中国共产党的教育方针践行到位，提升劳动者的综合素养，加强学生的创新意识与实践技能，为社会培育出一大批“有理想、敢担当、能吃苦、肯奋斗”的当代好青年。全面推进素质教育，促使青年群体将学习文化知识和提升道德素养统一起来，将理论学习和社会实践统筹起来，将凸显个人价值和服务国家人民协调开来，将实现个人抱负和实施艰苦奋斗统一起来。在这个过程中自然需要加强学生自律行为的养成。学校管理是一种外在力量，它凭借外在的规划、组织、约束、激励、监督等手段发挥作用。学校管理发挥作用仅限于能实现有效管理的场合，离开具体的管理，规则就会变成一纸空文。单纯依靠学校管理显然无法解决大学生思想滑坡的问题。自律能够使得行为主体拥有内在的信念和是非标准，有能力对行为进行自我控制和自我调整。

加强大学生自律行为的培养是推动素质教育发展的重中之重。高校大学生是青年群体中的主力军，肩负着保障国家繁荣昌盛、人民安居乐业的历史使命。大学培养人才的目的不单单是培养专业领域的高精尖技师，而是既要让学生在一个不断变化发展的环境中具备专业素质能力，也需要教会学生做一个高尚的人、有道德的人。自律行为养成也是素质教育的重要目标之一，通过加强大学生自律行为的培养，可以推动素质教育的全面深入发展，提高大学生的综合素质。因此，通过大学生自律行为养成，大学生能真正从内心用符合社会规范的标准约束自己的行为举止，当行动与基准之间出现偏差时及时调整，从而实现素质教育的目标。

（三）促进学生全面发展的要求

一方面，培养大学生自律行为可以帮助大学生内化社会道德规范。大学生正处于人生观、世界观、价值观形成的重要阶段，具有较强的自主性，能够敏锐地感知社会变化，也更容易关注新事物。但是由于大学生的生活阅历不足、心理发展尚未成熟，他们在进行价值判断与价值选择时，很容易受到外界多元环境的影响，产生认知偏差。这种情况下，如何使大学生正确地进行自我判断和自我约束，自觉践行道德规范并抵制不道德的行为，就成为当前道德教育所面临的重要问题。人无德不立，而自律则是道德教育的理想境界。自律在个人的成长和日常生活中有重要意义，是道德教育的基本目标之一，是一个人拥有顽强自制力的体现，也是一个人拥有高尚的道德情操和积极健康的心理素质的综合特征。大学生想要真正做到知行合一，就必须自觉认同道德规范，并以此来约束自己的行为，如果缺乏这种自律意识，那么社会道德规范将形同虚设，无法发挥作用。

另一方面，培养大学生自律行为可以帮助大学生践行社会道德要求。当前，大学生在自律方面不仅自律意识薄弱，而且自律能力和自律行为存在欠缺。大学生作为一个独立的个体，需要对自己的行为进行有效的自我管理和自我约束，这也是自律的基本要求。自律行为的养成可以帮助大学生积极践行社会道德要求，树立正确的人生观和价值观，增强自信心和自尊心，让自己更有底气地面对生活和未来，可以培养大学生坚韧、负责、敬业的行事风格。培养大学生的自律行为，可以帮助大学生树立正确的人生观，提升自身的道德素质，做出理性的人生抉择，自觉抵制外界的各种诱惑。自律的大学生才能在将来的社会生活和工作环境中，积极地遵守社会道德规范，成为对社会和国家有用的人。因此，当代大学生自律行为养成是实现大学生全面发展的现实需要，是社会主义精神文明建设的必经之路，是营造健康积极的社会风尚的重要手段。

二　研究意义

中国特色社会主义进入新时代以后，党情、国情、世情发生了很大变化。青年人特别是大学生需要承担起更重大的历史使命。大学生要更好地承担这些伟大的历史使命不离开自律行为的养成。在当代深入研究大学生自律行为养成，无论对社会主义现代化的国家发展，还是对大学生的全面发展，对思政学科建设的健全完善均产生积极影响。

（一）理论意义

一是有利于对大学思想政治教育内容做出优化与完善。论文所做的分析与探讨，主要是基于对大学生特征展开分析之后，阐述了这一群体自律行为养成的内容、目标、原则、方法等，关注大学生的心理需求的变动，对该群体的自我管理、教育、内化情况展开了系统化分析。当下时代，在学校生活中，网络早已得到全面普及与运用。高校想要对大学生群体的自律行为进行培养，则应当引导他们科学地认识与理解自律行为培养的重要性。但是这个问题对大学的思政教育工作者而言显得非常复杂，很难得到解决。本书通过当代大学生自律行为养成内涵解读与研究，基于当代大学生自律行为养成的基本现状，提出行之有效的应对政策，期望进一步丰富高校思想政治教育的理论成果。

二是丰富大学生自律行为养成的理论体系。大学生自律行为养成研究需要从“知、情、意、信、行”等角度作全面探讨。“知、情、意、信”是自律行为养成的重要前提，“行”是自律行为养成的落脚点。目前，大学生自律行为养成的研究主要集中在“知、情、意”方面，即主要探讨如何通过教育、宣传等方式，提高大学生的自律意识、自律能力和自律素质。尽管这部分分析对高校实行切实可行的措施加强大学生群体的自律观念和自律素养大有裨益，但是“自律”教育的最终成效在于“行”，即真正的实践行动。大学生自律行为养成研究需要更多地关注“行”的养成问题。然而，目前关于“行”的养成研究较为缺乏。本书通过大学生自律行为养成研究，希望从“行”的角度丰富大学生自律行为养成的理论成果。

（二）现实意义

一是有利于为促进大学生全面发展提供新的思路。中国正处于重要发展阶段，面临着极其复杂的国际国内形势。当代赋予了大学生新的历史使命，也对大学生的思想政治素养和科学文化水平提出了更高要求。对于大学生群体来说，想要实现远大的理想，凸显自我的价值，则需要严格自律，以自律制约个人行为。加强大学生的自律能力，对提升其道德素养、塑造其正确的行为习惯、彰显其主观能动性大有裨益。但是过往的研究并没有把大学生的自律行为养成看作是全面发展的重要部分，对于大学生自律行为养成的关注不够集中。实际上，当前的教育系统造成了大学生自律行为养成存在明显的不足。显而易见，对这一领域展开系统化的分析与探讨，有利于推动大学生群体实现全面发展。

二是能够对大学实施思政教育给予清晰的路径与导向，推动大学实现全面发展。一直以来，教育工作者均面临一个核心问题，即大学生群体“知行不一”。所以积极对他们进行自律行为的培育，可以提高大学生的综合素质和能力，也能够提高高校教学品质与教育能力，有利于推动各类大学实现全面发展，同时有利于强化学生群体的创新精神和实践能力，让大学生在学习和生活中不断探索、不断创新，从而推动高校教育的创新发展。这有助于高校教育更好地适应社会的发展和变化，培养具有创新能力和实践能力的高素质人才。可见，大学生自律行为养成是高校思想政治教育活动的重要组成部分。为了更好地推进大学的思政教育工作，高校应当对大学生自律行为养成问题展开系统化的分析与探讨。

三是有利于培养大学生更好地服务于社会主义现代化事业。大学生自律行为从本质上而言，代表着对社会规范的一种认可与拥护。在社会主义现代化建设时期，则体现为大学生对社会主义核心价值观为主导的社会主义法治体系和道德体系的深度认同。对社会而言，大学生拥有良好的自律能力和较强的自律行为，可以更好地适应社会主义现代化建设的现实需求。深入分析当代大学生自律行为养成这一论题，可以加强大学生的自律能力，培养大学生的社会责任感，让大学生更加关注社会公共利益，并从自身做起，积极参与服务社会的事业，为社会主义事业的发展和进步注入新的活力，为社会进步和发展做出更大的贡献。

第二节　国内外研究现状与趋势

本书利用中国知网、万方、维普等专业性学术网站，对大学生自律行为养成有关的文献资料实施收集、整合与分析，这有助于了解学术界在这一领域的研究动态与发展趋势，从而为当代大学生自律行为养成研究提供理论参考。

一　国内研究现状

中国学界针对大学生自律行为养成所做的分析，一般偏向大学生群体的自律意识、道德自律行为、大学生网络自律行为、大学生网络道德自律行为养成等方面。下面笔者对国内关于大学生自律行为养成的研究成果进行综述。

（一）自律意识的概念研究

现阶段，学者们针对自律意识内涵所做的探讨十分多元，获得的成果颇为丰硕。学者们从不同角度认识自律意识，各抒己见，形成理论争鸣。

一是在外界因素的影响下，从驱动道德主体行为的变化来看，伴随外部环境的变动与发展，行为主体会主动对各项道德准则进行内化。宋希仁强调："应当积极地对社会规律自然规律进行挖掘，对这部分规律形成深刻的认知与理解，并把它和现实条件高度融合起来，自觉主动地接受、高度认同各项社会规范，在自我的现实实践活动里，自觉把社会规范贯彻到位，由被动接受社会规则转变成主动履行社会规则。"① 罗国杰指出，"道德规范由他律性变成自律性过程中，最为显著的一项特点是道德主体的行为动因产生了巨大的变动，从传统的外

① 宋希仁：《"道德的基础是人类精神的自律"释义》，《道德与文明》2000 年第 3 期。

部制约变成内部制约，从过去的外在导向过渡成内在导向。”[①] 从这一角度来看，自律意识是行为主体持续地对道德予以内化。在深刻认识道德的基础上，把道德内化至个人的行为中，同时持续努力提升个人的道德素养。

二是立足道德主体的真实状况的层面而言，自律意识是指个人对自身发展规律有明确的约束认识。张昌文教授表示，道德自律是主体对自身的发展及社会需要的认知和理解，基于道德规范和社会价值，自觉遵循行为准则，主动控制自己的行为，以达到符合社会期望和个人成长的目的。道德自律能够提升主体的自我控制和自我调节能力，帮助个体适应社会变革的需求，并以此推动社会的发展。[②] 这一视角主要是从道德的维度切入，要求人们对道德规范给予高度认同与支持，自觉依据道德规范来严格约束个人行为。在参与社会实践活动时，大学生群体自觉对相应的道德义务进行承担，努力提升个人的道德自律能力。

三是从道德主客体何为核心的视角来看，要求在对道德自律进行界定时，把道德主体的认同作为重要依据。根据道德主体是否具备道德责任意识、能否实施正确科学的道德抉择加以判别。冯忠良认为：“自律的核心主要在于人，通过强化人们对自身的认识，从而推动个人实现全面发展，它是将总体和局部高度整合起来的具体体现。”[③] 戴茂堂指出自律代表人们对将自身作为主体的道德教化责任所给予的高度认同。作为道德主体，必须自觉地对教化责任进行承担，自主地完成自身的道德伦理使命。[④] 这充分说明自律意识指的是针对自律问题，坚持将人这一主体作为核心目标，倘若人们的实际情况发生了变动，则

---

① 罗国杰：《伦理学》，人民出版社2014年版，第18页。

② 张昌文：《论道德自律》，《贵州社会科学》1997年第2期。

③ 冯忠良：《教育心理学》，人民教育出版社2000年版，第528页。

④ 戴茂堂：《论道德法律化之误》，《理论学刊》2007年第12期。

自律内容必然会有所变动。

四是依据自身的研究内容来定义自律的概念。例如，王升臻指出道德应当随着自身状况发生变动，如果自身发展动向发生变动，则需要及时地变更道德自律内容，如此一来，才可以强化人们的道德自觉。[①] 李国娟等人认为主体道德自律具有两项重要特征：一是能动性；二是主导性。道德自律是一个持续改善的过程，是持续加强道德主体的自律意识，追随道德环境的发展变动优化这种道德意识的过程。[②] 倘若道德环境发生了巨大的变动，则道德意识同样应当予以变动。道德环境存在差异，对道德意识的发展所产生的影响也是不一样的。良好的道德环境可以促进道德意识的发展，恶劣的道德环境会阻碍道德意识的发展。

关于自律意识内容的研究，不同学者有不同的见解。段慧兰指出："道德发展存在坚实的基础，自律是其重要的精神基础。道德发展需要历经诸多阶段，自律则是层级较高的阶段。"[③] 夏兆敢等人认为："自律是以德治国不容或缺的基础。它对市场经济的高度繁荣、良性运转大有裨益，同时对网络社会道德发挥出了显著的调控功能，是其中不容或缺的核心内容。"[④] 金庆良认为："大学生自律意识的主要内容来源于该群体对社会规范的高度认同，立足于此才可以形成内省意识，把外在自律意识内化成一种内在自律行为，从而强化大学生的道德意识。"[⑤] 洪明认为："在各个发展阶段，学生的特点是存在差异的。在高等教育阶段，大学生的道德素养、智力水平较高，所以对其实施道德教育时，不应当将目光一味地聚焦在感性教育上，需要实施系统化

① 王升臻：《道德自觉——当代德育的重大使命》，《现代教育科学》2012 年第 3 期。

② 李国娟、张朋光：《为社会主义意识形态教育"正名"——基于人的主体性发展的视角》，《思想理论教育导刊》2016 年第 8 期。

③ 段慧兰：《论道德自律与自律意识的培养》，《湖湘论坛》2003 年第 5 期。

④ 夏兆敢、林兴发：《试论道德自律与大学生道德教育》，《学校党建与思想教育》2005 年第 2 期。

⑤ 金庆良：《浅谈大学生道德自律》，《社会科学战线》2008 年第 12 期。

的理性教育。”[1] 在进行理性道德教育时，需要积极地融入理性的逻辑思维，将道德准则作为一项关键的优先教育内容，在此基础上实施其他领域的道德教育。

（二）大学生自律意识研究

现阶段，中国学界针对大学生道德自律的实际情况、自律动因展开了全方位、系统化研究。著名教授张木蕃认为：“对大学生而言，其自律意识的养成整体上趋于向好。很多大学生可以尊师敬友，自觉学习，树立正确的人生观，对社会道德规范自觉践行，而大学的教育工作者同样应当对学生情感教育给予高度重视。”[2] 孙戬认为，大部分大学生的自律意识还是相当强的，他们严于律己，能够将大学生的精神面貌彰显得淋漓尽致。不过还有一些学生藐视法律、自主学习意识不强、道德素养不高、自律意识较弱、行为习惯较差，这些问题也是客观存在的。[3] 在对学生进行道德教育的过程中，高校需要把道德教育作为教育重点，对学生进行尊重与责任方面的教化，加强他们的道德意识。著名学者陈金波认为，一些学生的自律意识较弱。究其成因，是高校不重视德育，并且国际上的不良思潮冲击了学生的心灵，造成学生崇尚功利主义，秉承着金钱至上的观念。[4] 孙戬指出，大学生自律意识较差的核心影响要素在于该群体在心理上对他律高度依附，认知能力不足，自我心理调控能力较弱，消费观不够理性。[5] 当然，还与社会不良风气冲击、社会经济转型、家庭教育缺失、德育教育内化到学生心灵的效果不明显等客观因素有关。

（三）大学生道德自律研究

大学生道德自律行为从本质上来说非常高尚。一方面需要大学生

---

① 洪明：《大学生道德教育重在培育道德理性》，《高等教育研究》2009 年第 12 期。
② 张木蕃：《大学生的责任感培养与道德自律》，《中国成人教育》2010 年第 1 期。
③ 孙戬：《当前我国大学生自律意识培养研究》，硕士学位论文，长春理工大学，2017 年。
④ 陈金波：《大学生自律意识薄弱和自律能力差根源考察》，《求实》2003 年第 S1 期。
⑤ 孙戬：《当前我国大学生自律意识培养研究》，硕士学位论文，长春理工大学，2017 年。

具备道德意识，另一方面需要大学生具有道德实践。

关于大学生道德自律现状，董铁君总结了当代大学生道德自律问题，表现为自我控制能力较差，存在道德自律意识差、能力不足的现象，究其原因，是当前高校思想政治教育中对道德自律教育的实效性差。① 张兴华表明，当前网络实现了大规模的普及与运用，这使得大学生享受到了巨大的利好，不过网络也引发了一些失范行为，究其成因，是大学生缺乏网络自律意识。②

一些研究者对大学生道德自律行为相关的影响因素进行了分析。丁洁从个体道德发展的内因和外因着手，分析道德行为的动力机制，指出大学生群体道德自律行为的形成具有一些重要的驱动力。外部动力机制主要是对社会主义核心价值观进行贯彻落实，包括教育的渗透性，行为规范的指导性，学校和家庭的物质保障与精神激励，法律的保障与制约，积极的精神文化建设的引导；内在动力机制为道德内化的需要，包括道德实践，自我意识与防范风险能力提高，以实践为基础的是非判断价值观。③ 马杰从新媒体时代大学生网络自律教育的含义入手，分析了网络自律面临的种种挑战：海量网络信息泥沙俱下、真假难辨；新媒体时代个体角色转变；思想激荡动摇原有价值观念；大学生思维方式、情绪的特殊性，提出学校提升教育责任观念，加强思想道德教育，充分利用校内新媒体进行引导。④

针对大学生道德自律行为失范问题，学者提出了相关的建议。例如，赵云云等人提出，在对大学生群体的道德自律行为进行培养的过程中，应当把德育的主导性和学生的主体性统筹兼顾起来，把道德自

① 董铁君：《新时代大学生道德自律问题探研》，《湖北函授大学学报》2017 年第 6 期。

② 张兴华：《新时代大学生网络自律意识教育研究》，《南方农机》2019 年第 14 期。

③ 丁洁：《大学生道德自律行为形成的动力机制研究》，《中国成人教育》2013 年第 10 期。

④ 马杰：《新媒体时代大学生网络自律教育》，《新闻知识》2016 年第 11 期。

律精神培养的目的性与工具性高度融合起来，遵从知行合一的培育原则。[①] 董铁君认为应当引导大学生实施自我德育，将家庭道德自律作为有力的辅助手段，真正加强大学生道德自律教育实效性，优化社会道德环境，形成教育社会合力。[②] 蒋丽叙述了在互联网环境下强化大学生自律精神的重要性，建议从三方面加强大学生的自律精神完善：一是加强对当代青年学生的自我道德认知，使他们在网络社会中自觉遵守道德规范的重要性；运用负面的案例，使学生自己去理解道德。二是要强化大学生的德育意识，健全高校德育体系，强化高校德育工作。三是要从制定和完善各种制度入手，强化大学生的自律意识；高校德育工作是高校德育工作的重要内容。[③] 赵亚楠等人研究发现，当前大学生的网络自律意识与现有培养渠道并未达到协调统一，具有矛盾对立之处。一些大学生的网络自律意识并不强，想要促使大学生的网络自律意识有一个质的强化，那么应当由增进大学生自我认知出发，结合高校教育工作者的网络自律教育，打造健康积极的网络自律教育社会风尚，确保大学生群体的网络自律意识培养更具针对性、有效性，从而获得显著的培育成效。[④] 王云幸等人认为，在崭新的历史时期，大学生群体在网络学习、网络娱乐、网络表达、网络社交和网络消费五个方面存在自律问题。为了解决这些问题，大学生要坚定理想信念，提高自我约束能力；敢于吃苦奋斗，避免娱乐化的上网倾向；遵守法律法规，厚植网络爱国主义情怀；内化诚信友善，健康文明地与他人交往；合理适度网购，树立正确理性的消费观。[⑤] 王静指出，大学生群体

---

① 赵云云、王京宇：《浅谈如何提高大学生道德自律》，《东方企业文化》2013 年第 11 期。

② 董铁君：《新时代大学生道德自律问题探研》，《湖北函授大学学报》2017 年第 6 期。

③ 蒋丽：《网络环境下加强大学生道德自律教育的途径》，《新西部》2018 年第 18 期。

④ 赵亚楠、刘婧：《新媒体时代大学生网络自律意识的培育路径创新》，《太原城市职业技术学院学报》2019 年第 8 期。

⑤ 王云幸、邵彩玲：《新时代大学生网络自律意识培育路径研究》，《开封文化艺术职业学院学报》2021 年第 5 期。

并未形成强大的网络自律意识，造成他们做出一些违背社会规范的行为。针对这个问题，其制定了切实可行的应对举措，即：丰富人文教育，提高大学生网络自律认知；提高高校网络教育工作者的专业素养；肃清网络环境，规范指引其前行；真正凸显出思政教育对大学生具有的指导与教化功能。① 综上所述，培育大学生的道德自律行为，应当从学校、家庭和学生个人方面入手。

（四）大学生网络道德自律研究

近年来，学界针对大学生网络道德自律问题展开了深度的分析与探讨。李春山等人指出，因为网络得到了大规模的普及与运用，自媒体时代成为主流，造成大学生群体出现了严重的网络道德自律失范问题，比如树立了错误的网络道德价值观、网络道德自律意识不强、网络言行缺乏诚信、社会责任意识淡薄等。② 周晓红指出，网络在给大学生带来生活和学习便利的同时，也成了腐蚀现代大学生的一个主要因素，尤其是网络道德失范现象。③ 李慧敏等人对 844 名在校大学生进行问卷调查，采用 SPSS 软件实施进一步的统计剖析，结论显示：整体而言，大学生网络道德自律能力不强，出现了严重的网络道德行为失范问题，网络道德认识较为薄弱。在性别、年级等维度上，大学生的网络道德情感及行为表现出了明显的差别。而网络道德行为在是否独生子女上存在显著差异。④ 张美容指出，在进入新媒体社会之后，大学生网络道德自律意识普遍较弱，该群体对网络道德自律的重大作用与意义、方式、手段等缺少深刻的认知与理解。⑤ 李慧敏等人分析了大学生

---

① 王静：《大学生网络自律意识培育》，《哈尔滨职业技术学院学报》2022 年第 3 期。

② 李春山、苗琪、何京泽：《自媒体时代大学生网络道德自律的问题及对策》，《法制与社会》2014 年第 25 期。

③ 周晓红：《自媒体时代大学生网络道德自律研究》，《新闻战线》2015 年第 5 期。

④ 李慧敏、林启修：《独立学院大学生网络道德自律现状》，《教育现代化》2020 年第 24 期。

⑤ 张美容：《新媒体时代大学生网络道德自律意识的培育路径研究》，《大连大学学报》2020 年第 6 期。

网络道德自律的影响因素，同时指出，在网络使用中，不良、不法的网络行为层出不穷。大学生群体是网络用户中的主力军，其具有社会责任观念不强、树立了错误的网络道德价值观、网络道德自律意识较弱、诚信缺失等问题。①

针对这些现状，学者提出了大学生网络道德自律的相关建议与措施。例如，张琦伟等人提出借鉴“慎独”思想，帮助大学生群体对不良的道德思想冲击进行抵制，强化自身的网络道德自律意识及能力。②李伟波认为，新媒体时代大学生在网络环境下呈现出道德自律缺失问题，亟须借鉴儒家“慎独”思想的自律精神，将个人、家庭、社会、学校的道德教育高度结合起来，帮助大学生群体强化网络道德自律能力，助力构建和谐有序的新媒体生态环境。③张美容指出，大学需要对传统网络道德自律教育课程进行拓展，构建健全成熟的多主体合作教育系统，立足社会的发展特征，对传统的教育手段予以革新，帮助大学生形成正确的网络行为习惯，从而实现全面发展。④李慧敏等人指出，不管是大学生个人、家庭还是学校、社会，均应当齐心协力，采用切实可行的举措对大学生网络道德自律行为进行必要的培养，帮助他们树立正确的网络道德自律思想，严格控制个人的网络道德行为。⑤储德峰等人提出，积极推动和完善网络道德相关法律法规，打造健康向上的网络道德环境，构建具备针对性与有效性的网络道德教育系统，加强大学生群体的网络道德自律意识与能力，是互联网时代大学生网

---

① 李慧敏、林启修：《大学生网络道德自律的影响因素路径分析》，《校园心理》2021年第1期。

② 张琦伟、刘健：《儒家“慎独”思想：大学生网络道德自律的借鉴》，《高等农业教育》2014年第8期。

③ 李伟波：《新媒体时代“慎独”与大学生网络道德自律培养》，《北方工业大学学报》2019年第4期。

④ 张美容：《新媒体时代大学生网络道德自律意识的培育路径研究》，《大连大学学报》2020年第6期。

⑤ 李慧敏、林启修：《大学生网络道德自律的影响因素路径分析》，《校园心理》2021年第1期。

络道德教育的应然面向。[①] 肖书芳认为，海量的网络信息深刻影响着大学生的道德观念和道德行为，同时对高校网络道德教育也形成了巨大冲击，所以如何采用有效的举措加强大学生群体的网络道德知识与能力，促进大学生良好品质的形成从而培养全面发展的综合型人才，则显得非常关键。需要立足于网络道德的特征切入，对大学网络道德教育具有的核心问题展开系统化研究，有针对性地制定切实可行的应对举措。[②] 代凯淋针对大学生网络道德教育问题，制定了一些切实可行的措施，其强调应当加强该群体的网络道德意识，帮助学生树立正确的网络自律意识，丰富网络道德教育的内容，运用多种方法进行网络道德教育。[③]

（五）学界针对大学生自律行为培育举措所作的分析与探讨

具体如下所示：

从大学生自我教育和自我管理来看，大学生道德责任意识淡薄。需要从个人入手加强学习，提高自律能力。余国政指出："需要对学生独立解决事情的能力培育给予高度关注。"[④] 宋希仁强调："在培育学生自律意识过程中，应当考虑到外部相关要素的影响，将他律作为有力辅助。"[⑤] 田晨苗等人指出，就学生个体而言，要充分发挥自主性，加强个人学习，树立崇高理想，塑造自己良好的心理品质，培养健全的人格和高尚的道德情操。[⑥] 刘眉提出，大学生要进行自主化管理，也要具备自主化管理意识，强化自身迎难而上的能力，强身健体，加

① 储德峰、张佳雯、徐松涛：《互联网时代大学生网络道德教育的多维审视》，《安徽警官职业学院学报》2021 年第 6 期。

② 肖书芳：《新时代大学生网络道德教育的路径探析》，《品位 · 经典》2021 年第 24 期。

③ 代凯淋：《互联网时代大学生网络道德教育问题研究》，《品位 · 经典》2021 年第 20 期。

④ 余国政：《基于道德教育大学生自律能力的培养》，《湖南科技学院学报》2008 年第 3 期。

⑤ 宋希仁：《道德的基础是人类精神的自律释义》，《道德与文明》2000 年第 6 期。

⑥ 田晨苗、葛涵博、程秀花：《论大学生自律意识与能力的培养》，《科教文汇（上旬刊）》2018 年第 7 期。

强个人的智力，塑造健全人格，对个人的仪容仪表进行美化，真正地意识到外在形象与内在修养是一笔珍贵的人生宝藏，是过上美好生活的重要基础。① 综上所述，理论教育应当和实践教育高度融合在一起，通过开展实践活动，强化大学生的自律意识，帮助他们实现全面成长。

就学校的层面而言，对学生的德育具有一些显著的缺陷。因此，学校需要加强教学引导与规划。冯忠良指出，学校应当对教师的工作方向与重心进行调整，避免出现位移。在开展德育工作过程中，必须立足学生的发展现状，对具体的教学内容予以设置，编制健全成熟的德育规划，营造健康积极的德育环境。② 孙戬强调，大学需要在无形之中对学生传播正确的思维理念，激发学生的情感共鸣，将这些思想内化成他们的行动，从而帮助学生从他律过渡到自律。思政教育工作者应当将互联网教育平台作为依附载体，更好地向学生传播优秀的道德人物及其事迹，帮助学生将科学的价值观作为导向，从而形成正确的道德理念，积极地践行立德树人的教育目标，打造良好有序的网络舆论环境，从而强化大学生群体的自律意识。③ 刘眉认为，帮助大学生形成自律意识是大学义不容辞的责任，学校应当积极地彰显思政教育的主渠道功能，借助网络教育平台这一载体培育大学生的自律能力，通过社会实践唤醒大学生的自律意识。④

就社会维度而言，林兴发等人认为，社会应当创造和谐的环境氛围，优化乌烟瘴气的社会风气，构建良好的社会秩序与规范，为培育大学生的自律意识奠定坚实的基础。⑤ 孙戬提出，社会应从道德与法律

---

① 刘眉：《大学生自律诚信意识培养路径研究——以设立诚信考场为例》，《科技风》2020 年第 2 期。

② 参见冯忠良《教育心理学》，人民教育出版社 2000 年版，第 529 页。

③ 孙戬：《当前我国大学生自律意识培养研究》，硕士学位论文，长春理工大学，2017 年。

④ 刘眉：《大学生自律诚信意识培养路径研究——以设立诚信考场为例》，《科技风》2020 年第 2 期。

⑤ 夏兆敢、林兴发：《试论道德自律与大学生道德教育》，《学校党建与思想教育》2005 年第 2 期。

两个方面来规范高校学生的行为，并用严格的规范体系来约束高校学生的行为。同时，社会应把这部分规范无形中渗透到学生的生活与学习过程中。比如把部分自律意识良好、表现优秀的人物视作典范，强化对这些人物及其事迹的宣扬与推广力度，从而对大学生产生激励。① 田晨苗等人认为，在大学生自律意识培养教育中，最关键的一个环节就是社会实践。与学校相比，社会的道德教育功能更加复杂，需要具有良好风尚和良好风气的社会大环境来培养大学生自律意识。所以，高校应当积极地对社会主义核心价值观进行宣扬与推广，针对互联网中充斥的恶俗内容、不实信息，要取缔并抑制其发展。②

就家庭的层面而言，夏兆敢等人强调："学生父母应当做好模范带头工作，严格自律，发挥出显著的示范效应，努力成为子女的榜样。良好的家庭环境离不开父母与子女的齐心协力，共同付出，这样才可以形成和睦融洽的家庭关系。"③ 卫爱明认为，大学生能否形成自律行为，和学生家长的积极引导与培育息息相关。家长具有的社会经验相当丰富，可以用个人的一言一行在无形之中对孩子施加影响，帮助他们形成正确的自律行为。④ 张冯冯指出，家庭教育又是一种社会教育，它在学校教育中起着举足轻重的作用。父母要有明确的目标，在提升大学生的自我约束意识方面，父母应当积极彰显模范带头作用，努力成为孩子的榜样，对孩子的必要消费提供可行性建议，引导孩子开源节流，避免浪费。尤其是生活消费方面，父母应当作好表率，不铺张不浪费，以此来提高他们的自律能力，让他们合理地进行消费。⑤

---

① 孙戬：《当前我国大学生自律意识培养研究》，硕士学位论文，长春理工大学，2017 年。

② 田晨苗、葛涵博、程秀花：《论大学生自律意识与能力的培养》，《科教文汇（上旬刊）》2018 年第 7 期。

③ 夏兆敢、林兴发：《试论道德自律与大学生道德教育》，《学校党建与思想教育》2005 年第 2 期。

④ 卫爱明：《休闲生活中大学生自律精神培养的思考》，《品位·经典》2021 年第 14 期。

⑤ 张冯冯：《网络环境下大学生自律意识的培养》，《花溪》2021 年第 22 期。

综合国内外研究可知，关于大学生自律问题所作的分析与探讨，以自律内涵、大学生道德自律、网络自律、自律意识等诸多内容为主。学界获得的学术成果令人瞩目，这为进一步实施大学生自律行为养成研究提供了理论依据。

二 国外研究现状

对西方“自律意识”的考察，必须从“自律”这个概念入手。从古希腊到19世纪马克思的出现，人们对“自律”这一命题众说纷纭，有关“自我约束的培养”等问题的讨论也随之升温。

（一）自律的定义及其起源研究

西方学者对自律方面的研究侧重于对自律的定义进行分析，同时对道德自律的重大价值与意义展开了探讨。

约翰·威尔逊认为：“本质上而言，自律属于个体行为之一。其来源于人的内在意志，它是个体实施自我选择行为的具体体现。”① 美国知名教授凯利·麦格尼格尔于2012年编写了《自控力》这部著作，明确强调自控力是个人对自我的欲望进行克制，从而对传统的行为习惯、思维模式进行转变的一个过程，它是以新的思维模式、行为习惯取代传统的过程。人的意志力是对三类驱动力进行控制与支配的能力，首先是“我要做”，其次是“我不要”，最后为“我想要”。② 凯利·麦格尼格尔表示，自控其实是一项重要的自我执行功能。他采取实验的形式予以研究，并创建了有限自制力理论，并强调自我执行功能来源于某类心理能量的驱动，自我控制力量具备一定的有限性特征。人实施自我控制时，能够借助的力量是非常渺小的。加强人们自控能力的最

① ［英］约翰·威尔逊：《道德教育新论》，蒋一之译，浙江教育出版社2003年版，第2页。

② ［美］凯利·麦格尼格尔：《自控力》，王岑卉译，印刷工业出版社2012年版，第33页。

佳手段在于形成良好的生活习惯，比如强身健体、聆听音乐、品读著作、建立良好的家庭关系等。如此一来，才能够降低人们背负的生活压力，使人们以乐观向上的情感态度来抵抗负面影响。

（二）自律意识养成教育重要性研究

在西方，人们一般把人的自我修养作为德育工作的一个主要目的。苏格拉底、亚里士多德等学者都主张学习者应具备自主能力，并应加强对自身的道德觉察。康德认为，要想成为一个人，就必须在道德上受到教育。皮亚杰认为，只有把认识逐步转化成自我约束，才能将道德称之为道德。[①] 雅斯贝尔斯认为："德育的核心目的在于帮助人们形成健全人格，德育具有宽泛性特征。"[②] 通过对教育目标进行分析，雅斯贝尔斯强调高校承担的职能包含四项："首先，对学生传播科学文化知识；其次，对学生进行全面的引导与教育；再者，培育学生的精神品质与道德修养；最后，提升学生的学术研究能力。"[③] 不管是康德的伦理义务教育，或是雅斯贝尔斯的著作中伦理教育，道德教育都是以伦理自我为中心，以培育伦理主体的伦理自我为中心，没有人生来就是伦理的忠实信徒。实施他律性的一个重要途径就是对其进行道德教育，这样可以对主体起到辅助作用，从而促使其自我约束。责任同样是德育中的一项重要内容，它对德育具有重大的现实意义。

（三）自律意识的养成教育研究

在自律意识的养成教育的措施这一问题上，西方学者看法比较统

---

① 参见皮亚杰《心理学与认识论——一种关于知识的理论》，袁晖、郑卫民译，求实出版社 1988 年版，第 107 页。

② ［德］雅思贝尔斯：《什么是教育》，邹进译，生活·读书·新知三联书店 1991 年版，第 12 页。

③ ［德］雅思贝尔斯：《什么是教育》，邹进译，生活·读书·新知三联书店 1991 年版，第 56 页。

一。在教育方法方面，要充分尊重学生的主体地位，要有合理的保障来促进他们的主体地位，不要只是单纯地向他们强行传播相关知识，应当对学生的个人意愿给予充分尊重，引导其构建自我的道德教育机制。柯尔伯格认为："对自律与他律进行划分遵循的衡量标准存在差异，具体标准有是否自由、是否普遍、能否遵从规则等。纵观道德的发展历程，存在差异化的发展阶段，而各个阶段的发展要求也是相差悬殊的。"① 柯尔伯格对强制性灌输知识这种落后的教学方式存在排斥心理，强调要引导学生做出正确的道德判别，以个人的意志为导向实施道德抉择。克里夫·贝克认为："在开展教育活动时，人们很容易忽略学生的成长规律与发展经验。只是一味地要求学生被动地接受理论知识的传输，这种教育方式是错误的，不应当被提倡和支持。"② 倘若只是强制灌输知识，则学生的学习必然会相当乏味无聊，也无法使学生感受到学习的乐趣，体验生活的多姿多彩。GG Bear（2010）从学校纪律和自律角度，提出了促进亲社会学生行为的实用指南。学校在课堂教学和纠正问题行为时，以证据为基础的技术提供了针对自律基础的认知和情感过程的目标。③

（四）大学生自律意识培养的实践

许多西方高校和政府都非常重视大学生自律能力的培养。例如，美国、日本等国家已对培养大学生自律意识的途径、手段进行了系统分析，并取得了丰硕的学术成果。这些研究对中国在这一领域的探索具有启示作用。因此，我们也应该借鉴其经验，加强大学生自律教育的研究和实践。

---

① ［美］柯尔伯格：《道德教育的哲学》，魏贤超、柯森译，浙江教育出版社 2000 年版，第 12 页。

② ［加］克里夫·贝克：《优化学校教育：一种价值的观点》，戚万学等译，华东师范大学出版社 2003 年版，第 35 页。

③ Bear G. G. *School Discipline and Self – Discipline*：*A Practical Guide to Promoting Prosocial Student Behavior*，Guilford Press，2010.

美国大学非常注重对大学生自我约束的教育，他们相信只有具备自我约束能力，才能为社会所需，而在大学中，自我约束是最重要的。一个缺乏自我约束能力的人，和这个世界格格不入，就算有很高的智力，也难以为这个世界创造价值。这些大学高度重视培育大学生团体的凝聚力与向心力。2002 年，美国“全国大学与雇主协会”展开了一项问卷调研，结果表明，美国的企业主对雇员的十一种专业技能、精神品质非常关注。在调查中，“团队协作能力”的重要性排名位居前三。一系列实践活动的开展，能够强化学生的诸多能力。比如，利用实施“破冰”专题练习活动，采取讲述故事、换取名片等诸多形式，可以使得学生的倾诉能力得到系统化锻炼；通过实施“DISC 性格测试”，能够使团队中的所有成员了解各类性格的特征，不但对自我有一个深刻的认知，还可以对他人的性格有所了解；“信任之旅”活动能够使学生感受到互帮互助的重要性，深化对信任的认知，强化自身的信任意识，正确辨别是非对错，在保持真诚的基础上与他人建立良好的信任关系，不轻信他人，不欺骗他人；“气球城堡”活动能够使学生通过游戏的形式树立团队合作的观念，增强自身的交流与互动能力，真正地理解团队合作的重要性，调动集体的主观能动性，彰显成员的核心创造力。形式多元活动的开展，使学生能够明确如何和自我、和他人相处，了解该做之事与不可为之事。倘若对这一方面懵懵懂懂，不甚理解，那么即便学生的智商非常高，也会表现出情商不足的一面，很难适应社会的发展，无法为社会贡献绵薄之力。所以参与这些活动不但可以加强学生的团队合作观念，而且可以强化学生的互动能力、交际能力，使学生形成自律意识。

长期以来，日本社会各界对大学生自律意识的培育给予了高度关注。进入 19 世纪之后，日本便实施了《学制》教育，同时出台了《教育敕语》，而第二次世界大战落幕之后，日本又推行了“修身教育”，这充分印证了日本对大学生道德自律意识培育付出的心血。贾佳在

《日本战前学校道德教育及其教科书》① 一书中，全方位、系统化地阐述了日本各类大学在培育大学生自律意识上投入的努力。在第二次世界大战爆发之前，日本高校对德育给予了高度关注，通过开设修身课对学生实施道德教育。1890 年，日本政府出台了《教育敕语》之后，学校教育将重心偏向于道德教育。1902 年爆发了“教科书事件”之后，日本政府进一步强化了对学校教育的治理力度，采用了国定教科书机制。1904 年，日本政府正式对国定修身教科书进行大范围的普及与运用。而 20 世纪 50 年代之前，日本社会动荡不安，战争不断。当时“修身教育”沦为极端国家主义的工具，“道德教育”也成为军国主义的造人机器。如今，日本是一个物质文化高度发展的国家，但是，由于社会竞争激烈，人们的个性极度自由，人与人之间的关系不和谐，由此产生了诸如青少年犯罪等新的社会与教育问题，这些都促使日本政府将强化德育摆在了十分重要的位置。具体以小组活动的形式来培养学生；培养学生的人格及社交能力；培养独立的态度与激情；培养自我认识、自我实践能力，进而抵制社会横行的物质主义、利己主义、享乐主义等思潮的泛滥，以及对教育的“虚无”等问题。

新加坡教育的目标是培养公民良好的道德和素养。李光耀政府对这一目标倾注了一生的心血，并提出了以人格和公民的教育为中心的道德建设。新加坡一向认为，要想成为一个优秀的人才，首先要有一支优秀的人才队伍。新加坡非常重视人才培养，教师均需接受层层选拔和专业化的培训，既要求教师具备高超的教学能力，又要具备强大的专业技能，还要对人才培养充满热情，了解人才的情绪发展以及个人的需要。在此基础上，通过开展各类师资培训、专题讲座和经验交流，确保了“人才培养”项目教师团队的综合素养。现阶段，新加坡

① 贾佳：《日本战前学校道德教育及其教科书》，《历史教学》2012 年第 5 期。

高等教育培育出了一大批优秀专业的人才。依据国际学生评价项目（PISA）测验结果可知，在数学、科学和阅读这三个维度，来自新加坡的学生排名遥遥领先。在国际教育测评（TIMSS）方面，新加坡学生具有十分突出的表现。在国际高校排行榜里，新加坡国立大学在亚洲高校里排名第一位。新加坡高等教育更多地关注学生的基本价值观念，以及人格与公德教育。从基础教育开始，坚持把学生放在第一位，以价值为导向，用与别人的日常互动的经验，来激发学生反思，从中感悟到一些人生真谛，进而形成正确的价值理念，努力丰富自我的知识面，强化自身的专业能力。2014 年，新加坡出台了《小学品格与公民教育课程标准》，明确强调在当代，对学生的教育重点在于“品格和公民教育”，并认为应当强化学生的公民意识、交际交往能力、情绪控制能力，帮助他们积极践行社会主义核心价值观，强化跨文化沟通能力。社会主义核心价值观包含正义、友爱、团结、尊重、和谐。本项目旨在帮助学生认识到自身的价值，以及应用自身的能力，使其在身心上得到和谐的发展；要有一颗诚实的心，注重在道德和伦理的基础上作出负责的决策；要有一种社会觉察能力，能借助强大的交际交往能力，和他人构建互尊互重、和睦融洽的关系；具有迎难而上、化挑战为机会的坚强意志；能为自己是新加坡人感到骄傲，有一种对祖国的归属和献身精神；珍视新加坡的多元文化，致力于增进社会的团结与和谐，关心别人，致力于社会及民族的兴旺与发展；培养学生的洞察力和责任感，能够思考和回答社会、国家和全球问题。“品格和公民教育”的成功实践一直使新加坡受益。

进入 21 世纪，各国在综合国力较量，以及科技文化方面的较量之后，又开始大力提倡个人与社会的价值。在资本主义社会中，提倡爱国主义、理想主义和英雄主义。在实现了经济腾飞，物质生活持续进步的同时，第三世界的一些国家也开始采用切实可行的应对举措，致力于解决好社会滋生的道德失范问题，把德育推向了法治化轨道，促进社会矛盾的化解，并且在国家教育系统内，把“品格和公民教育”作为主要内容。通过对领先国家的成功经验与模式进行学习，致力于为社会培育出一大批优秀专业的人才，加强青年群体的责任意识、沟通能力，采取通识教育的手段来增强学生对国家文化的认同感。同时一些国家还积极对青少年群体的自律意识进行培养，具体涉及对国家、文化、社会的认知进行培养，想方设法加强学生的自我控制意识与自律能力，并且在教育领域加大投资力度，强化学生的跨文化学习、生活交流的体验等。对个人的自律意识的培育，并不是任何一个国家、一个社会、一个民族独有的，它是当今社会所普遍认可并格外关注的人才培养实践活动。整体而言，很多国家对青少年群体道德精神与品质的培育问题相当关注。从培育模式、教育思想、办学方向、知识传输、关系维护、身心成长、职业发展规划等维度切入，对大学生综合素养的培育展开系统化分析，目的在于为社会培育出一大批优秀专业的人才。这给中国这一领域的研究带来了很多启示，值得我们学习与借鉴。

三 文献评述

现阶段，中外学界对大学生自律问题所作的分析与探讨，一般以自律的内涵界定、大学生自律意识培育的问题、原因、对策等为主要研究内容。

西方学界对自律内涵所作的定义较为完善，特别是对道德自律所作的分析，获得的成果相当丰硕。学者们从自律和他律、自我和本我、个体和群体等维度切入，对自律的内涵予以解读，指出了道德自律对个体发展产生的重大影响。另外，对在道德教育领域强化学生自律能力的手段、模式等进行了系统化研究。

中国学界对大学生自律意识、问题及对策进行了研究，提出了一些建议与对策。部分探究是针对特定范围进行的，比如将大学生自律问题和互联网的使用高度结合。一些学者倾向于对道德自律进行分析，另外一些学者将自律和哲学、儒家学说统筹兼顾予以研究，取得了丰硕的成果。相比于国内，国外在大学生自律意识培养的理论分析上成果更为丰富，这为中国学界研究大学生自律行为培养问题奠定了坚实的理论基础。此外，国外在大学生自律行为养成方面走在前列，形成了大学生自律意识培养的规章、制度、课程与规范，为大学生自律行为养成提供了有益参考。

综合国内外研究成果可知，学者们针对大学生自律问题所作的分析与探讨十分多元，而对大学生自律行为养成所作的全方位、针对性探究还较为薄弱。为此，本书基于现有关于自律的内涵意义，提出当代大学生自律行为养成的实质含义，揭露了其理论渊源与现实意义，结合当代大学生自律行为养成存在的问题，分析其原因，并结合思想政治教育学、积极心理学等领域的研究成果，探索当代大学生自律行为养成的方法与现实路径，旨在全面而深入地解决当代大学生自律行为养成问题。

第三节　研究思路与方法

一　研究思路

本书按照“是什么”“现实如何”“应该如何”“怎么办”的逻辑思路展开研究，主要采用了文献研究法、总结归纳法、理论分析法和问卷调查法等研究方法，在明确大学生自律行为养成的概念内涵和理论渊源的基础上，通过实证调查摸清当代大学生自律行为养成的基本情况，并以此为依据，探讨当代大学生自律行为养成的影响因素、内容方法、评价体系和现实路径，以期为当代大学生自律行为养成提供理论依据与实践指导。具体而言，本书主要分为四大部分。

第一部分，主要回答“是什么”的问题。本部分明晰当代大学生自律行为养成的具体概念内涵。采取逐层定义的形式，依次对自律、自律行为养成、当代大学生自律行为养成等相关概念和命题进行界定和解读，明确本论文研究的核心问题，并分析当代大学生自律行为养成的特点和现实意义。在此基础上，梳理古今中外关于大学生自律的理论资源，探讨当代大学生自律行为养成的理论基础和生成逻辑。

第二部分，主要回答“现实如何”的问题。本部分重在厘清当代大学生自律行为和自律行为养成的基本情况。本部分采用问卷调查法，对不同高校大学生自律行为养成情况进行调研，了解当代大学生自律行为养成的基本情况。以此为依据，厘清当代大学生自律行为养成的现状，揭露其实质问题。

第三部分，主要回答“应该如何”的问题。本部分依据大学生自律行为养成具有的实质问题与具体原因，设定了相关的培养目标、培养内容，制定了有效的行为培养方式，编制了系统性方案。针对当代大学生自律行为养成的目标与内容，梳理当代大学生自律行为养成评价指标，构建当代大学生自律行为养成评价体系。通过当代大学生自律行为养成评价体系的实践，掌握当代大学生自律行为养成的基本水平。

第四部分，重点对“如何做”这一问题进行回答。本部分对当代大学生自律行为养成的对策进行了分析。基于研究其内在形成机制和外在培育机制，提出综合运用榜样示范法、实践体验法、慎独内省法、评估反馈法等具体方法，落实坚守高校阵地发挥引导作用、营造社会氛围发挥支持作用、重视家庭教育发挥基础作用、加强大学生自我教育等对策，以期能够强化大学生群体在道德、学习、网络、法律、生活等方面的自律意识与自律能力。

二　主要研究方法

本论文重点对当代大学生自律行为养成这一问题展开分析，主要采用以下研究方法。

（一）文献研究法

所谓文献研究法，就是借助寻找、判断和归纳来梳理已有文献，以实现对有关事实或主题科学认识的一种研究方法。采用文献研究法研究的问题，经过文献研读后，能够完整地把握研究问题的发展历史与现状，迅速地对研究主题形成总体印象，清晰地呈现问题全貌。本研究通过图书馆、网络数据库、国内外期刊等资源，收集整理并仔细研读大学生自律行为养成方面的文献著作、杂志期刊、学术论文等，了解中外学界在这一领域的研究现状与可借鉴成果，并按照“自律、大学生自律行为、大学生自律行为养成”逐步深化的顺序进行国内外研究现状的归纳总结。

（二）总结归纳法

总结归纳法，就是运用由个体向一般发展的思维方式，对若干证明或特定事实进行特征分析，得出有代表性的一般性结论，然后结合个体的实际状况，对其对应特征加以补充。该方法有助于指导研究人员对事物本质的探究和规律的发现，使认识由感性上升到理性的高度。在仔细研读文献的基础上，通过对自律、大学生自律行为养成有关的文献资料予以整合，明确了西方国家在大学生自律行为养成方面积累的经验，并总结归纳马克思主义自律理论、中国共产党人的自律思想、中国优秀传统自律思想、西方德育理论中关于自律的主要理论基础，为研究当代大学生自律行为养成问题提供了清晰的导向。

（三）问卷调查法

问卷调查法是指利用问卷的形式来进行数据收集和调查的一种研

究方法。它是一种常用的数据收集方法，常用于社会科学、市场营销、教育、医疗、政策研究等领域。该方法的优点是可以收集大量数据，适用范围广，操作简便，且相对成本较低。本书以几所高校大学生为研究对象，展开问卷调查，了解当代大学生自律行为现状，通过统计分析问卷调研结果，为大学生自律行为养成问题的分析提供依据。

（四）德尔菲法

德尔菲法是一种匿名的调查技术，通过一系列循环调查来收集和整合专家对特定问题的意见和判断。该方法的特点是能够在专家之间实现匿名意见交流，避免意见领袖的影响，并通过多轮调查逐渐趋近共识。本书选取思政教育方面的专家学者来展开交谈与征询，从中选取了一些重要的评估指标，在此基础上建立了当代大学生自律行为养成评价体系，实现对当代大学生自律行为养成的定量评价。

第四节　研究重点与难点

一　本书研究的重点

一是当代大学生自律行为养成的基本情况。为了客观了解高校大学生自律行为养成情况，以大学生为对象，展开问卷调查，了解当代大学生自律行为、当代大学生自律行为养成以及大学生自律行为养成影响因素，以此为依据，对当代大学生自律行为养成存在的问题展开分析。

二是当代大学生自律行为养成问题的影响因素。针对当代大学生自律行为养成存在的问题，从多方面进行综合考虑，总结高校因素、社会因素、家庭因素、个人因素对当代大学生自律行为养成产生的实质影响。

三是大学生自律行为养成的相关内容与方法。当代大学生自律行为养成的动力机制需要探索大学生自律行为养成的内外部因素与规律。为此，以个人内部生成和外部培育为切入点，构建当代大学生自律行为养成的动力机制，并提出对应的实现路径。

二　本书研究的难点

一是把握当代大学生自律行为养成的内涵。关于自律、自律意识的概念，学界已经取得了丰硕的成果，并且学者给出了具体定义。但是对于大学生自律行为养成，还未形成规范的界定，更遑论当代大学生自律行为养成？因此，本书结合“当代”“大学生”“养成”“自律行为”等概念，对当代大学生自律行为养成进行界定，并阐述其内涵，这是本书研究的起点所在。

二是当代大学生自律行为养成评价体系。关于大学生自律行为养成评价，还未形成相应的评价体系，没有成功的案例可参考。本书构建当代大学生自律行为养成评价体系，需要确保其有效性。为此，本书采用德尔菲法进行指标筛选，通过专家对问卷调查的认同度、专家意见的协调性、第一轮专家咨询结果、第二轮专家咨询结果的严格把关，确保当代大学生自律行为养成评价指标的有效性，并将当代大学生自律行为养成评价体系应用结果与问卷调查结果进行比较，验证其有效性。

第二章　当代大学生自律行为养成的特征与意义

在崭新的历史时期，大学生自律行为的养成具有深刻的社会意义。这既是培育社会主义现代化人才的现实需求，也是培育当代合格建设者和可靠接班人的必然要求。如果想深入研究当代大学生自律行为养成，首先需要澄清自律的基本内涵，说明自律行为养成的明确意蕴。在此基础上，还需要立足于自律行为延迟的基本规律，结合当代的核心特点，对大学生自律行为养成的重大价值与作用进行分析。唯有对相关理论进行系统化整合、归集与总结，才能为这一领域的研究做好准备。

第一节　当代大学生自律行为养成的内涵

概念是从事研究的基础。缺乏基础概念的支持，学者就无法清晰地甄别出研究对象，整个研究就是无源之水、无本之木。当代大学生自律行为研究同样需要从概念界定入手。在对当代大学生自律行为养成进行研究之前，学者首先需要对“自律”“自律行为”等核心概念进行界定与解读。在澄清自律和自律行为的含义之后，还需要精准说明当代大学生自律行为养成的内涵与外延。通过对自律等核心概念的清晰界定，可以更准确地呈现出本次研究研究对象的基本特征。

一　自律的含义

“自律行为”是“当代大学生自律行为养成”这一研究对象的中心概念。在确定“当代大学生自律行为养成”的含义之前，我们首先需要对“自律行为”做一个系统的审视，抓住“自律行为”的本质特征，而审视“自律行为”之前先要廓清“自律”的含义。

古今中外，不同的思想家对于“自律”给出了不同的定义。在《新编现代汉语词典》中，自律被解释为“自己约束自己”①。这一定义抓住了自律最核心的本质。从已有的研究来看，中国古代就已经有了关于“自律”的著述。唐代张九龄在《贬韩朝宗洪州刺史制》中写道：“不能自律，何以正人?”② 意思是说人如果不能约束自己，又怎么可以告诫别人呢？宋代苏辙在《西掖告词》之十五中写道：“朕方以恭俭自居，以法度自律，宜得慎静之吏，以督缮治之功。”③ 这里的自律是指遵循法度。中国古代关于自律的思考主要是遵循法度和道德。英文中“自律”（autonomy）一词，源自希腊文 autos，即自己或者自我和 nomcos 即规律或者规则这两词的组合，也就是指自己的规律。在西方，德国古典哲学创始人康德曾在他的伦理学体系中多次论述有关自律的概念。康德认为：“自律性是道德的唯一原则。”④ 沿着康德的思路，马克思认为：“人的精神自律对道德奠定了坚实的基础。”⑤ 这意味着自律是道德的核心内容。人只有自觉地认识到道德对规范行为的重要作用，积极主动地遵守道德规则，把道德对人的要求内化为行为

① 字词语辞书编研组：《新编现代汉语词典》，湖南教育出版社 2016 年版，第 1702 页。

② 张九龄：《曲江集》，广东人民出版社 1986 年版，第 411 页。

③ 郭预衡、郭英德：《新版校评（修订本）唐宋八大家散文总集卷 10 · 苏辙》，河北人民出版社 2013 年版，第 7334 页。

④ ［德］康德：《道德形而上学原理》，苗力田译，上海人民出版社 1986 年版，第 60 页。

⑤ 《马克思恩格斯全集》第 1 卷，人民出版社 1995 年版，第 119 页。

准则，在实践中通过约束、规范自己的行为，从而达到道德要求的最高目标，才能得到真正的精神自由。

不同的学科对于自律有不同的认识。在伦理学范畴中，自律被视为与他律相对应的范畴。德国古典哲学家康德认为，世界只存在两种不同类型的规律：首先是自然规律，其次是道德规律。站在人的角度来说，前者的内涵为“自然的法律”，它所指代的其实是他律；后者是人们立足道德层面对自我实施的规制，它所代表的是一种自律。和他律对比，自律的地位明显更高。在教育学范畴中，自律也可以被表达为，主体在不受外界影响与约束的情形下，针对社会道德问题予以解决的过程中，能够以理智的思考来确定自己的行动，根据社会道德规范来对自己的行动进行自我约束，并将外部的社会道德规范转化为自己的道德品质。在心理学范畴中，自律是个人自我认知系统里承载的一项功能，它是个体调节体系自觉适应内部的一种体现，即个体可以在参与社会实践活动的过程中，自主地依附于掌握的认知与能力对相关问题予以处理，把这些认知和个体自我认知系统里的判别能力、分析能力高度融合，从而对于自我的行为实施调控，且不断地做出相同的、和道德准则相契合的行为，加强个人认知系统的调控能力。

无论中国还是西方，自律都是指在对道德规范的完全认识与认同的前提下，由道德规范与道德意志所决定的一种行为方式。在充分吸纳前人思想的基础上，本书认为，自律就是个体按照一定的社会规范，自觉地、有意识地自我约束的内在思维活动。它表现为，个人利用自我规制等手段对个人的主观意识实施调控，从被动逐渐地转变成主动，对各项法律政策、社会道德准则等进行自主的践行与遵从。自律涉及的内容十分多元，具体包含：第一，个人应当将具象化的内容视作自律的根据。从所有公众的角度来说，这种具象化的内容指的是社会道德标准与行为准则；而从大学生的角度来说，其是最基本的公民道德准则、校规校纪和学生管理规定。第二，个人应当对社会道德标准、行为准则给予高度认同，把这些准则内化成自我的精神品质。这意味着个人需要对整个社会的规章机制给予充分认可，同时可以持续地对这部分规章机制进行贯彻落实。第三，个人可以持续自主地对社会道德标准进行遵从与执行。无论何时何地，可以自主地以社会道德标准严格约束自我行为，把这些标准内化成实施自律行为的驱动力。

二　大学生自律行为的含义

基于对“自律”的分析，我们可以进一步对“自律行为”进行规定。所谓自律行为，就是指个体按照一定的社会规范，将自我约束的内在思维外化为自我控制的举止行动。自律行为内涵包括五个方面：一是自主性。自律行为是自主的、自发的行为，不是由外部强制力量驱使的。二是道德约束。自律行为是基于道德、价值观和规范等内部要求的行为。在自律行为的过程中，个体必须遵守一定的道德规范，不做违背道德的事情。三是自我控制。自律行为需要个体对自身行为进行自我控制。个体需要认识到自己的责任和义务，自我要求并严格执行。这需要一定的自我约束和自我反思的能力。四是诚信原则。自律行为需要建立在诚信原则的基础上。个体需要保持诚信和透明，不欺诈、不虚假宣传，并为自己的行为负责。五是持久性。自律行为需要长期持续地进行。个体需要保持自律的习惯，使自律行为成为自己的一种自然而然的行为方式。总之，从本质上来说，自律行为是一种建立在自主性原则、道德约束原则、自我控制原则、诚信原则和持久性原则等基础上的内在约束和自我约束的行为方式。

大学生自律行为是指大学生群体按照一定的社会规范，坚持自主性、道德约束、自我控制、诚信和持久性原则，自觉地、有意识地进行自我约束的行为方式。具体表现为，大学生在学习、生活和社交等方面，控制和约束自己的行为，以达到更好地学习和成长的目的。大学生自律行为是一种积极主动的行为方式，强调个体在学习、生活和社交等方面的自主控制和自我约束。自律行为的核心在于培养自我意识和自我管理的能力，通过自我反思、自我调节和自我激励，达到更好地发展自己、实现个人价值和承担社会责任的目的。在不同的时代，大学生自律行为有不同的内容。在当代，大学生自律行为主义包括道德自律、法纪自律、学习自律、网络自律、生活自律等。

大学生自律行为对于大学生的个人发展和社会责任具有重要意义。从个人发展来说，在大学阶段，学生面临的学习任务和生活压力都较大，需要具备自我管理和自我约束的能力。通过自律行为，大学生可以培养自我学习的兴趣和能力，制订科学的学习计划和目标，并坚持不懈地努力实现。同时，自律行为还可以帮助大学生克服消极情绪和行为，树立积极的人生态度和价值观，增强自我意识和责任感，从而更好地面对未来的挑战和机遇。从社会责任来说，作为未来的社会精英，大学生应该具备良好的品德和行为素养，能够为社会做出积极的贡献。通过自律行为，大学生可以培养自我约束和自我管理的能力，遵守社会规范和法律法规，保持良好的道德品质和行为表现。同时，自律行为还可以帮助大学生树立正确的人生价值观，培养社会责任感，积极投身于社会公益事业和志愿服务活动，为社会发展和进步作出贡献。

三　当代大学生自律行为养成的含义

如上所述，自律行为就是指个体按照一定的社会规范，将自我约束的内在思维外化为自我控制的实践活动。本次研究的重点是分析当代大学生自律行为养成，所以，还需要进一步对“当代”“养成”等概念予以定义，在此基础上才可以明确当代大学生自律行为养成的基本含义。

（一）当代

当代指的是中国特色社会主义新时代。2017 年 10 月 18 日，习近平总书记在中共中央十九大报告里明确强调："通过不懈努力，中国特色社会主义建设成果丰硕，我们迎来了新时代。"① 中共中央十九届六中全会出台的《中共中央关于党的百年奋斗重大成就和历史经验的决议》（以下简称《决议》）将党的百年奋斗的重大成就分为"四个历史时期"，特别是把中国特色社会主义新时代作为党史的一个重要历史分期。这进一步凸显了新时代的历史价值，有利于深化人们对新时代的认知与理解。

从科学内涵来看，新时代具体表现在五个方面：其一，新时代新在续写新篇章。新时代发挥着承上启下的作用。在全新的时代，应当坚定中国特色社会主义建设方针不动摇，奋力夺取中国特色社会主义伟大胜利的新时代。其二，新时代新在战略新安排。党的十九大报告指出新时代的目标在于全面完成社会主义小康社会建设任务，将中国打造成社会主义现代化强国。现阶段，小康社会建设任务基本完成，国家正在朝着"第二个百年奋斗目标"努力奋进。其三，新时代新在生活新向往。新时代要始终坚持发展依靠人民、发展为了人民和发展成果由人民共享的思想，整合人民群众的力量协同努力，共同打造美好生活，想方设法达到共同富裕。其四，新时代新在梦想新征程。新时代就是在全体中华儿女的共同努力下完成华夏民族的复兴梦，这一方面是国家繁荣富强的根本任务，另一方面是所有国民共同的愿望。其五，新时代新在国际新地位。新的地位就是我国日益走近世界舞台中央，作为一个负责任的大国，为世界和平、全球发展、国际秩序积极贡献中国智慧、中国方案和中国力量。

---

① 习近平：《决胜全面建成小康社会　夺取新时代中国特色社会主义伟大胜利——在中国共产党第十九次全国代表大会上的报告》，人民出版社 2018 年版，第 10 页。

（二）养成

“养成”是指个人在日常生活中通过不断地实践和积累，逐渐形成一些良好的习惯和品质，并使这些习惯和品质成为自己的自然反应，进而在行为中自然体现出来的锻炼和修养过程。在养成过程中，教育者会传授教育对象认知、情感、意志和行为等教育内容，会运用外在规范教育模式和内在自我内化教育形式等教育方法，影响和培养教育对象的思想观念和行为习惯。养成是一种对自己行为进行规范的习惯培养教育，同时也是一种对自我人文修养水平进行提升的道德教育。这个道德责任不仅体现为个体与社会的相处，与别人的相处，更重要地体现为与大自然的相处。

从养成的特征来看，养成具有明显的持续性。养成一般需要花费很长时间，并且要求个体持续地努力。而且，养成的结果也是一种持久性和稳定性的，它既不是一时的表现，也不是偶然的行为。养成在个人发展和成长过程中起重要作用，它能够帮助个体克服自身的缺陷，改正不正确的行为习惯，强化个人的自律意识，加强自身素质和竞争力，从而更好地与社会的发展和需要相适应。同时，养成也可以为个人带来更加健康、积极、自信和成功的人生。

本质上而言养成是教育方式之一。早期人们把养成应用于对儿童的教育上，原因在于儿童的身心发展不够全面完善，离不开他律方式作为支持，进而强化儿童的自律能力。现阶段，人们把养成应用于大学生群体，原因在于随着现代社会的发展，很多高校的办学层级越来越高，社会竞争处于白热化状态，大学生群体如果想强化自身的社会适应能力，应当具备良好的道德修养与精神品质。高校采取养成这种教育模式，有利于学生树立正确的道德思想，强化他们的情感意志，使之形成科学的认知，作出正确的是非辨别。

养成教育引入“养”这一模式，从而将过去重视“教”的教育模式进行修正。养成教育不仅能推动德育工作的发展，更涉及人的全面发展，可以帮助受教育者真正做到自主学习、自我教育，是一种不断发展的生态教育。

（三）当代大学生自律行为

当代大学生主要指在中国特色社会主义建设决战时期的高校学生。这些学生以“90后”“00后”为主，他们发展的物质保障、文化环境发生了巨大变化。特别是这一群体的成长时刻和“两个一百年奋斗目标”建设目标完成的历史时刻是完全契合的。所以，大学生对中国特色社会主义建设产生了不容小觑的积极影响，是带领华夏民族繁荣复兴的领头军，是推进社会主义现代化建设的主力军。

相对于传统的大学生自律行为，当代大学生自律行为更加注重学生的个性化发展和社会责任，同时也更加关注社会发展的需求和个人发展的平衡。当代大学生自律行为是指新时代大学生在学习、生活和社交等方面，按照一定的社会规范，自觉地、有意识地进行自我约束和自我控制的行为方式。大学生是国家和社会的未来与希望，他们所具备的素质和能力将直接影响国家和社会的发展与进步。因此，大学生必须具备自律行为的能力，适应社会变革和发展的需要，实现自身的全面发展。

（四）当代大学生自律行为养成

因为个体的社会地位、民族身份、性别角色等维度具有明显的不同，再加上文化习俗等要素的影响，人们对于“行为养成”的认识不尽相同。一般认为，行为养成是帮助受教者个人能力与修养逐步提高的教育过程。人们的行为主要包含三层：首先，他律的行为模式。这种行为所处层级为最底层，其离不开外部强制力来进行制约；其次，自觉的行为模式。该行为是以个体内在的自我调控与监督形式来实现的，主张人们对自我意志进行约束；最后，自动的行为模式。该行为无须借助外力的驱使与监督实施，无须人们进行内部的自我监督，是人们在习惯的驱使下理所当然实施的一项行为，这是对人们行为进行培育最理想化的终极目标。从他律行为方式逐渐转变为自动的行为方式，不是凭空产生的，而是需要自律养成来长期训练。由此而言，自律行为的养成是指对单一偶然的自律行为进行引导，使这些简单的行为逐渐地成为一种道德习惯，使主体能够主动地塑造自觉的意识与自律的行为。

当代大学生自律行为养成主要指的是大学生立足全新的时代背景，通过多种教育方式，帮助大学生养成良好的习惯和行为准则，提高自身素质和能力，实现自我教育、自我管理和自我约束，最终实现个人的全面发展的培育活动。当代大学生自律行为养成的教育对象是大学生。大学生需要努力培养自己的良好品质、学习能力、生活方式和社交能力，全面提升自身素质，做一个有担当、有责任感、有创新精神的社会主义接班人。思政教育工作者作为大学生自律行为培育的重要主体，需要坚定不移地以社会道德规范为指导，以思想政治教育为基础，在大学生的整体活动中，在生活的方方面面、学习的时时处处渗透自律教育。教育者要施加一定的手段或者使用适当的方法，指导大学生群体对个人行为予以规制，转变错误的行为习惯，形成高尚的精神品德。教育者还要使大学生体会到自律行为的养成对于他们自身的发展、对于社会发展的积极意义。

当代大学生自律行为养成涉及以下几个维度：

一是自主行为养成。自主行为养成，就是要培养大学生自由地表达自己的意志，独立地做出决定，自行地推动自己的行动的教育过程。但是自主行为养成不是自由发展。在对大学生进行自主行为养成的时候，大学生要将各种社会规范，内化为自己的意志，也就是形成习惯，培养自己负责的独立意志，并且将这种意识责任贯穿于自己的活动中。首先，培养大学生自主学习的习惯，是自律行为养成的重要内容之一。大学生最主要的任务就是学习。教育者要让他们意识到学习的重要性，引导他们明确学习目标，树立正确的学习观念。在这个过程中，教育者要培养大学生学习规划和时间管理的能力，以提高他们的学习效率和自律性。其次，培养大学生日常生活的自律能力是自律行为养成的目标之一。教育者要培养大学生自己决定自己生活的意识。在这个过程中，教育者要引导大学生具有健康的生活方式和积极的心态，养成良好的生活习惯，如合理的饮食、作息规律、运动等，从而保持他们的身心健康。最后，需要强化大学生群体的独立抉择能力。大学生在毕业之后往往会面临不同的选择，这要求他们树立正确的人生方向。在对大学生进行自主行为养成的过程中，教育者要引导其明确自己的人生规划，养成自主择业和自我实现的能力。同时，要教育大学生学习社会道德和法律法规，遵纪守法、遵守校纪校规，从而养成正确的社会责任感和行为规范。培育大学生自律行为时，也应当采用有效的举措加强该群体的自律意识，自己的决定要自己埋单。

二是自控行为养成。在当今社会，物质条件的丰富和日益繁荣的消费文化对大学生的诱惑越来越大。因此，培养大学生自控能力变得尤为重要。尽管大学生未曾亲身体验过去的生活条件，但他们必须清楚地认识到，当今社会充斥着各种诱惑，自我控制能力不可或缺。大学生群体应当明白可为之事与不可为之事，严于律己，不断地警示自我，要遵从相关的社会规则，不逾越道德底线，这其实是自控意识的具体表现。从大学生的角度来说，自控能力的培育，要求其对个人行为实施严格的管控。自控是指在单个行为方面的自我约束能力，自律代表的是某种状态，它的内涵为人们在精神状态维度上可以实现自行约束。对比之下，自控被限制在应用个人的意志力去控制和限制行为。从自控过渡为自律的过程其实是将短期约束变成持久的一种行为习惯的过程，在自控的基础上才可以做到自律。所以，对大学生群体自控行为进行培养的过程中，教育者要及时给予他们正面的激励，让他们认识到自我控制行为的重要性以及对个人本身有益。自控行为的养成，旨在让大学生能够控制自己的行为，不会因为一时的冲动而做出悔恨终生的行为，可以在一些重要时间点和场合严格约束个人行为。

三是规则意识与行为的培育。作为大学生自律行为养成的主体性教育内容之一，规则意识具有至关重要的作用。规则意识是指将外在规则转化为内在认知，并在行为上对其产生认同，从而对自身的行为产生约束。人们唯有高度认可各项社会准则，对社会准则具备深刻的认识与理解，才能真正地控制自我行为。对于大学生而言，建立正确的规则意识是自律行为养成的首要前提。首先，教育者需要掌握规则行为培养的客观规律。对大学生群体的人格的塑造特点、架构、规律进行积极探寻，从而明确优化大学生行为的有效方法。只有通过正确的规则意识，大学生才能将行为纳入约束和规范，实现真正的自律。其次，教育者需要重视利益观念对于规则行为养成的作用。在形成正确的规则意识方面，正确的利益价值观念起着至关重要的作用。利益是影响人行为的最重要因素之一。只有树立正确的利益价值观念，大学生才能激发自身的自律意识，形成正确的规则意识。最后，教育者要注重用集体主义原则来约束大学生自身的行为。这需要教育者对大学生群体实施集体主义原则方面的引导与教化，把这项原则渗透至学生的心灵深处。该原则对改善社会风气、营造社会环境、提升公民道德素质都具有重要作用，注重集体主义原则教育对于形成正确的规则意识至关重要。

四是自省行为养成。在大学生自律行为养成过程中，自省行为养成也扮演至关重要的角色。自省具有过程性，需要不断地反思和修正自己的行为，这是一个不断完善自我、提高自我认知的过程。自省是一种以史为鉴、以自身经验为反省的行为。通过对自省与自律存在的关联展开分析可知，前者能够使大学生群体明确个人的行为是否正确、是否符合期望值，以及个人如何实现既定目标；后者可以促使大学生在实施行为时克服个人缺陷，依据相关要求来开展行动，实现预期目标。培育大学生群体的自省行为时，教育者应当引导该群体对自我的一切行动进行深刻反省。对大学生来说，最重要的是学会自知，唯有如此才可以严于律己，实现自律，从而更好地完善和健全自我。通过反思自己的行为，大学生可以了解自己的弱点和缺陷，并通过自律精神来不断提高自我素质，从而更好地适应社会的发展和挑战。

五是坚定不移地实施意识教育。自律很难一蹴而就，必须通过漫长的过程来进行培育。人们对社会道德规范产生认同意识后，就能够将这些规范内化于心，贯彻到日常行为中，并对自己的行为进行适当反思，从而实现自我进步。在这个过程中，培养大学生对社会道德规范的坚持意识显得尤为重要。因为只有持之以恒地自我约束，才能不断提升自己的道德水平。教育者应该让大学生在日常生活中始终坚持本心，正确选择道德行为，矢志不渝地坚持正确的道德信念。只有这样，才能不断提高大学生的道德素养，塑造他们为人处世的正确态度和价值观。在培养大学生坚持意识的过程中，教育者需要加强专业性和规范性表述，以便他们更好地理解和接受。例如，教育者可以向大学生解释什么是道德规范，为什么要坚持道德规范，以及如何正确选择道德行为等问题。通过这种方式，大学生可以更深入地理解道德规范的意义和重要性，并逐渐形成正确的道德观念和行为习惯。总之，坚持意识是自律行为养成教育中必不可少的一部分。大学生只有坚持不懈地保持自律，才能实现个体的自我完善和社会的进步。

第二节　当代大学生自律行为养成的特征

当代大学生自律行为养成既富含普遍性的教育要素，也具有明显的时代特征；既受到教育发展规律的影响，又显露出大学生群体教育的显著特色。从实践经验来看，当代大学生自律行为属于高校思想政治教育活动的一部分。在教育过程中，会呈现出很多思想政治教育的规律。同时，当代大学生自律行为又区别于一般的思想政治教育，具有自律行为养成的独特内涵。

一 主导性与主体性的结合

当代大学生自律行为养成既要坚持教师的主导性，又要坚持学生的主体性。习近平总书记认为，“思政课教学离不开教师的主导，同时要坚持以学生为中心”①。在当代大学生自律行为养成过程中，教师是引领者，扮演主导性的角色；学生是教育的中心，扮演主体性的角色。

一方面，教师要发挥主导作用。在当代大学生自律行为养成过程中，教师要积极主动地去引导学生，帮助学生树立自律意识，增强自律行为。首先，教师要主动走进学生的生活中，了解大学生自律行为的基本情况。在这个过程中，教师要充分把握当代大学生的思想状况、行为特点、生活规律、兴趣所在。只有清楚地把握了学生的整体特点，教师才能够对症下药、因材施教，为下一步的教学活动奠定良好的基础。其次，教师要灵活地处理教育材料，别出心裁地设计教育方案。自律教育与一般思想政治教育不同，它主要依靠学生的内在监督来达到行为养成的目的。所以，在教育过程中，教师不仅要让学生口服，还要让学生心服。只有学生发自内心地认同教师的理念，才会真正地去约束自己的行为。否则，教师的教育就会走向失败。最后，教师要积极收集反馈信息。教师的教育效果好不好，教育主导性发挥得充不充分，不是教师自己说了算，而是学生说了算。所以，教师在教育活动之后，尽快研究学生做出的客观评价，从而优化教学工作，确保自律行为养成教育更具科学性与有效性。

另一方面，教师要充分肯定学生的主体性作用。大学生自律行为养成的主体只能是大学生自身。自律行为养成过程中，外界的教育引

① 习近平：《思政课是落实立德树人根本任务的关键课程》，人民出版社 2020 年版，第 21 页。

导只能起辅助作用，主体自身的作用是无可替代的。大学生自律行为养成只能学生自己来最终完成。如果大学生自身不愿意或者不能发挥作用，那么大学生自律行为就不可能出现。大学生应自觉地认识到自律对于个人成长和社会发展的重要性，积极参与自律行为的养成过程，并且在行为中不断提高自身的自我意识和能力，主动探索自律行为的最佳途径和方式。大学生需要在教师的引导下，下大功夫、下苦功夫、下深功夫，向内而视，逐步排除干扰因素，自主地锻炼自律行为。同时，大学生自律行为养成的反思性是主体性的延伸。大学生必须时刻保持对自律行为养成过程的反思和评估，及时调整和优化自己的行为方式，以达到最佳的自律效果。由此可见，大学生的主体性越强，自律行为养成的效能就越好。

此外，要尽力实现教师主导作用与学生主体作用的相互平衡。在以往的道德教育中，一般侧重于教师的主动传授，注重教育者对被教育者的积极影响，但由于对学生的自主接受能力关注不足，又缺少对学生自我教育能力的重视，导致教学效果并不理想。但是，不少案例又表明，过于强调学生的主体性而忽视教师的主导作用，可能会削弱外界因素的引导作用，从而不利于大学生自律行为的养成。因此，在当代大学生自律行为养成过程中，必须保持教学主体和德育对象的有机统一，将教师的主体教导与学生的自我教育紧密结合在一起，并密切联系社会实际和大学实践。同时，在教育过程中，教师要结合大学生的身心健康发展特点，进行教学方法的革新，加强教师主导教学与学生自主修炼的良性互动，从而使单纯的被动德育转向大学生自我教育、教与学相互教育，进一步提高大学生自律行为养成的有效性。

二　理论性与实践性的统一

当代大学生自律行为养成既要坚持理论育人，又要坚持实践育人。习近平总书记认为，高校思想政治教育要“将理论与实践融合起来，帮助学生以实事求是的实践行动践行远大理想”①。当代大学生自律行为养成是高校思想政治教育的重要组成部分。所以，当代大学生自律行为养成同样要坚持理论与实践相结合。

在当代大学生自律行为养成中，理论教育与实践教育发挥不同的作用。理论教育是大学生自律行为养成的主渠道，在大学生自律行为发展中起主导作用。大学生自律行为养成需要建立在理论基础之上。通过学习和研究自律理论，大学生能够了解自律的本质、目标和方法，更好地理解自律的重要性，以及如何在实践中有效地进行自律行为的养成。大学生只有在理论教育中有所收获，才能形成相应的自律意识，才能产生自律行为。与之相对，社会实践活动是大学生自律行为养成的第二课堂和主要抓手，在大学生自律行为养成中起辅助作用。大学生自律行为养成必须有实践基础。只有通过实践才能真正掌握自律的技能和能力，更好地应对各种学习和生活挑战。在实践过程中，大学生需要探索最适合自己的自律方法，并不断调整和改进，以达到最佳效果。

为了更好地进行当代大学生自律行为养成教育，大学生理论教育与实践教育应结合起来。大学生自律行为养成应当坚持理论教育与实践锻炼相结合原则。在高校教育活动中，自律行为的理论教育与实践教育要同时发力，不可有所偏废。通过广泛的理论教学与引导，大学生可以实现对社会道德规范由理解、认识逐渐趋向内化、理解与接受。同时，通过卓有成效的社会实践，大学生可将某些社会道德要求与准则，逐渐外化成自发的道德行为。唯有通过实践，大学生才能检测理论教育的社会道德认识的准确性，检测道德意识究竟能否同社会道德的需要相适应。唯有把理论教学和实际训练进行有机融合，才能切实增强大学生思想自律行为养成的良好效果，教育、引导大学生自律水

① 习近平：《思政课是落实立德树人根本任务的关键课程》，人民出版社2020年版，第20—21页。

平的全面提高。

综上所述，当代大学生自律行为养成的理论性和实践性需要相互补充、相互促进。在养成自律行为的过程中，大学生需要在理论基础之上，通过实践不断提高自己的自律能力，并将理论知识与实践经验相结合，形成适合自己的自律模式和方法，以达到最佳的自律效果。

三　他律性与自律性的交互

大学生自律行为的养成是在他人指导下的自我教育。大学生自律行为养成需要若干因素共同协调发挥积极作用才能取得令人满意的效果。在这个过程中，既需要外界因素的积极监督，从而形成外部约束，维持他律性；又需要大学生坚持自我教育，不断强化自律意识，增强自律性。

一方面，大学生自律行为养成的自律性和他律性是相互区别的。自律性是指大学生在自律行为养成过程中依靠自身内在驱动力和自我约束实现自我管理和自我控制的能力。这种自律行为具有稳定性、连续性和自我调节性。在这种自律性的驱动下，大学生能够自觉地树立正确的价值观和行为准则，控制自己的情绪和行为，自我调节和自我激励。他律性是指大学生在自律行为养成过程中受到外界因素的影响。这些外界因素可能来自家庭、学校、社会和其他个人等方面，如家长、教师、同学、朋友等。在这些因素的推动下，大学生会对自律行为产生一定的认识和意识，但他们的自律行为不完全是出于自己的内在驱动力和自我约束。

另一方面，大学生自律行为养成的自律性和他律性又是相互联系的。康德认为，自律是相对于他律而言的。依据哲学相关理论可知，自律和他律两者之间是辩证统一、互为补充、相得益彰的关系。自律的实现需要借助他律的引导，大学生群体自律行为的养成，需要将社会道德准则与行为规范视作重要的前提基础。简单而言，自律的实际内容是社会道德规则与行为准则，这些准则具备显著的他律性特征，可以对自律提供引导，所以自律和他律是密不可分、相得益彰的。同时，具备他律性的道德标准与行为准则也应当被内化成人们的一种自律行动，这样才能达成思政教育的终极目标。所以，他律性依赖自律性发挥作用，他律性需要融入自律性之中。

大学生自律行为养成需要自律性和他律性协同发力。在大学生自律行为教育中，他律和自律承担的角色各不相同。自律行为养成要求大学生坚持以自律为主、他律为辅，既要扮演他人教育的受教育者角色，又要扮演自我教育的施教者角色。在自律行为养成的过程中，大学生既受到外界因素的影响，也需要依靠自身内在驱动力和自我约束来实现自我管理和自我控制。在这种综合性影响下，大学生能够形成健康的自律行为模式和方法，提高自我控制和自我管理能力。由此可知，当代大学生自律行为养成的他律性和自律性相互关联、相互作用。大学生需要在外界因素的推动下树立正确的自律认识和意识，同时依靠自我约束，加强个人的自控能力，真正实现自我价值的最大化。

第三节　当代大学生自律行为养成的意义

当代大学生自律行为的养成是思想政治教育的重要组成部分，是高校系统教育的重要一环，在大学生的成长过程中具有重要意义。在未来的人生道路上，对于大学生生活影响最重大的三个要素就是他们的思想道德水平、自我管理能力和人生价值理想。这三个要素的发展和完善都离不开大学生自律行为的养成。

一　有助于提高大学生的思想道德水平

大学生可以通过自律达到更高的思想道德境界。个体的社会思想道德水平无外乎通过两种手段来提高，一种是他律手段，另一种是自律手段。他律手段主要依靠外界的舆论监督、社会惩罚、他人评判等方式进行外在约束。与他律手段不同，自律手段是通过个体内部的思想斗争与自我控制来实现道德约束。从这个意义上来说，依靠自律手段来提升道德水平要求更高。大学生如果仅仅依靠他律来约束自己的道德行为，那么他们实际上就没有内化社会的道德规范。这种背景下，大学生对于社会道德的坚守，是对于社会惩戒机制的恐惧，而不是发自内心地认同社会道德规范。所以，在他律这个层次，道德规范实际上在大学生的思维之外，而未能走入大学生的心灵之中。在自律这个层次，大学生已经内化了社会道德规范，真心地认同社会道德规范的价值，自觉地把道德作为自己的行为准则。所以，大学生自律行为养成的过程，就是内化社会道德规范的过程，也是提升思想道德水平的过程。

大学生可以通过自律长期维持较高的思想道德水准。自律手段达到的道德境界是大学生主动地把道德规范内化为自己的行动规范，实现个体行为规范与社会道德规范的内在统一。这就意味着，大学生在道德规范的范围内是充满自由的，这是一种高度自律的精神自由。所以，大学生更愿意下次继续保持行动方式，从而形成良性的自律行为循环。但是，通过他律要遵守道德规范，大学生更多感受到的是道德规范带来的束缚，而无法享受遵守道德规范过程。这样一来，他们就会缺乏继续遵守道德规范的内在动力。此外，在自律行为中，大学生的个体行为准则与社会道德是基本一致的，所以大学生日常的行为自然就是合乎道德规范的。这就是孔子所说的“从心所欲，不逾矩”。这意味着大学生更容易达到一般的道德要求，因为他们无意识的行为就是符合规范的。在此背景下，大学生向往更加良好的道德生活，追寻更高的思想道德境界。因此，大学生可以通过自律行为的养成，持续提升自我的道德水准。

自律行为的养成可以帮助大学生提高多个方面的思想道德水平。

首先，自律行为养成可以帮助大学生树立正确的道德观。在自律行为养成过程中，大学生可以积极探索和思考自己的人生价值观和道德准则，形成独立、自主、自律的道德判断和行为准则。这有助于大学生树立正确的人生观和价值观，更清楚地对社会道德的践行要求、标准等进行理解，强化自身的道德意识与能力。其次，自律行为养成可以增强大学生的责任意识和社会责任感。自律行为培育有利于强化大学生群体的责任履行意识，使之认识到自己的责任和义务，从而更加关注社会问题和社会发展，积极参与社会公益活动和志愿服务，为社会做出更大贡献。最后，自律行为养成可以提高大学生的职业素养和职业道德。大学生是未来的职业人才，需要具备一定的职业素养和职业道德。自律行为养成可以帮助大学生形成良好的职业道德和职业素养，包括遵纪守法、尊重他人、团队合作、诚信守约等，从而提高职业能力和社会竞争力。

二　有助于提升大学生的自我管理能力

自律行为的养成不仅可以帮助大学生提升思想道德水平，还能帮助大学生提升自己的能力与素质。从逻辑上来说，思想道德品质属于个体的内在修养层面，个人的能力和素质属于个体的外显层面。在当代，大学生自律行为养成被认为是提升大学生自我管理能力的一种有效途径。“自我管理能力主要指的是人们充分调动自我的主观能动性，将社会目标作为导向，有目标、有规划地对个人的思维行动实施管控、约束的一种能力。”① 所谓大学生自我管理能力，就是大学生按照一定的社会规范，充分发挥主观能动性，独立自主思考、应对、处理自己事务的相关能力。大学生自我管理能力直接影响其综合素质的提升和未来的发展。大学生要形成自我管理的能力，就需要拥有清晰的头脑、

① 吴小军、郭锋萍：《高校思想政治教育与学生干部自我管理能力的提升》，《江苏高教》2019 年第 9 期。

坚强的意志，掌握智慧的方法，这些良好品质的核心素质就是自律。

大学生自律行为的养成与大学生自我能力的提升有密切的关系。大学生自我管理的能力有两大核心要素，一是大学生是否具备自我管理的意愿，二是大学生是否具备自我管理的素质。大学生只有具备自我管理的意愿，才会产生自我管理的需求。这种自我管理的意愿来源于大学生深层次的自我认同，大学生只有具有独立的人格和强烈的自信，才愿意去追求自我管理。而大学生独立的人格和强烈的自信就是由自律行为产生的。因为大学生的自律可以使大学生的个体行为始终符合社会规范，广泛地获得社会认可，从而养成良好的个体独立特质。另外，大学生自我管理素质的提升也依赖于自律行为的养成。当大学生长期保持自律习惯时，他们能够对践行社会规则的相关要求形成深刻的认知，精准把握个人能力和社会规范要求二者间的匹配程度，从而更好地解决各种问题。显然，大学生只有养成良好的自律行为，才能始终保持自信从容，科学准确地分析社会形势，系统审慎地拟定行动目标，沉着冷静地解决各种问题。

自律行为的养成可以从多个方面帮助大学生提升自我管理能力。首先，自律行为养成可以帮助大学生形成自我规划意识。自律行为养成要求大学生对自己的人生目标、学习计划、职业规划等方面进行深入思考和规划。通过规划和定位，大学生可以更加清晰地认识自己的优势和不足，制定实现目标的具体步骤和计划，从而增强大学生自我实现的能力。其次，自律行为养成可以帮助大学生培养自我约束的意识。自律行为养成可以让大学生形成良好的自我约束和自我控制习惯，如遵守课堂纪律、规范作息时间、保持健康生活方式等，从而增强大学生自我控制的能力。再次，自律行为养成可以帮助大学生增强自我反思的意识。自律行为养成可以让大学生形成自我反思的习惯，发现自己的不足和缺陷，从而不断提高自我完善的能力。最后，自律行为养成可以帮助大学生增强自我激励的意识。自律行为养成可以让大学生形成积极向上的自我意识和自我激励的习惯，从而激发自己的内在动力和潜力，不断提高自我调节能力。

三　有助于实现大学生的人生价值理想

大学生养成自律行为有利于实现自己的人生价值理想。习近平总书记曾说，“追梦需要激情和理想，圆梦需要奋斗和奉献”①。大学生的人生价值理想的最终实现，需要长期坚持不懈地努力奋斗，否则就是“黄粱一梦”。而大学生要长期坚持不懈地努力奋斗，就需要有长期的自律行为习惯。

首先，自律的行为习惯使大学生具有实现人生价值理想的系统安排。人生价值理想是高于个体生活状态的未来展望。未来展望就意味着有很多不确定性因素。如果想把这种展望变成现实，就需要有步骤地系统地去计划。大学生自律行为的养成，使其具有规划未来的习惯，从而使其明确实现理想信念的方向。大学生基于自律行为，对于人生价值理想的系统计划有两方面作用。其一，大学生可以通过长期自律意识，了解社会规范的基本要求，从而使个人的人生价值理想与社会发展的要求结合起来。只有如此，个人的人生价值理想才具有社会意义。其二，大学生可以依据自我意识，较为清晰地评估人生价值理想与基础条件的差距，从而制定基本可行的执行思路。如果没有长期的自律习惯，大学生无法保证规划的可行性。

其次，大学生自律行为习惯可以使大学生具有实现人生价值理想的长期动力。只有系统规划，没有长期奋斗的具体行动，也不能实现人生价值理想。当大学生缺乏自律行为习惯时，也可能会萌发奋斗的激情，在某个时间段内有效地推进人生价值理想的实现，但是，这种奋斗的激情刺激的具体行动是不可能长期维持的。一旦个人激情消散

① 习近平：《在北京大学师生座谈会上的讲话》，人民出版社2018年版，第3页。

不再，大学生的人生价值理想实现就会变得遥遥无期。大学生只有具有自律行为习惯，才能保持努力奋斗的状态，长期努力地实现某一个目标。而且，这种自律行为习惯会帮助大学生在实现一个目标之后，继续向下一个理想目标迈进，使大学生可以长期不懈地提升自己和完善自己，从而走出一条风雨无悔的人生道路。

最后，大学生自律行为习惯可以使大学生具有实现人生价值理想的个人能力。自律行为要求大学生在日常生活中注重自我约束和自我管理，控制自己的言谈举止，形成良好的生活习惯和学习习惯。这些良好习惯能够培养大学生的自我约束能力和自我管理能力，提高大学生的道德修养、智力水平、身体素质等综合素质，从而更好地实现自己的人生价值理想。然而，大学生在追求人生价值理想的时候，还会遇到很多挑战。这些挑战会给大学生的生活带来沉重的社会压力。自律行为的养成可以使大学生具有自我控制和自我调节能力，更好地应对各种人生挑战和社会压力，促进自我成长和发展。

第三章　当代大学生自律行为养成的理论基础

“自律”一方面是分析大学生群体自律行为养成的逻辑开端，另一方面是对这一领域展开学术探讨的理论基础。对自律理论实施全方位、系统化研究，是探讨大学生自律行为养成问题不可或缺的核心环节。对前辈们的学术成果展开梳理、归纳、参考、反思，是研究自律理论的有效手段。古今中外诸多思想家都对“自律”进行过研究，并提出了很多与“自律”关联甚密的理论。中外各国先进的自律思想、德育理论中关于自律的主要论述、马克思主义自律理论的指导以及中国共产党人的自律思想，都深刻地揭示出“自律”的内在规律。这部分思想为大学生自律行为养成带来有益的理论参考。

第一节　马克思主义理论的指导

马克思和恩格斯在康德等人的自律性理论基础上，创立了一套更科学的自律理论。他们把自我约束置于社会史和社会实践过程中，从人与社会关系的角度揭示了自我约束的社会性基础。而且，马克思和恩格斯还从人的自由全面发展的维度说明了自律的重大价值与作用。马克思主义理论对研究大学生群体自律行为养成问题奠定了坚实的理论基础。

一　人的本质理论

马克思和恩格斯从多个维度说明了人的本质。其中，最重要的就是把人的本质视为三个层面，即人的本质是感性活动、人的本质是社会关系的总和、人的本质是实践性。两人立足上述三个层面对自律实施系统化阐述。

马克思、恩格斯的思想凌驾于西方其他思想家思想之上，更具前瞻性的重要原因是，他们把自律视为感性的社会活动。自律的存在基础与马克思历史唯物主义具有密切的关系。两人认为，人是客观存在的具象化个体，并不是抽象化个体，它是人们存在的重要基础，自律同样如此。“唯有在特定的历史阶段之中，对特定的个体作出要求，自律才可以彰显出应有之义。”① 这意味着自律并非抽象化的，它是在外部相关要素的影响下实施的、具备历史价值与作用的一种行为。自律要求人们对个人的欲望、需求进行控制。在对“利他”“利己”选择的过程中，很容易被外部环境要素与经济发展水平影响。它的作用是为社会存在服务的，也就是人们通过对自身行为的约束，来自觉地调整利益关系，维持秩序。因此，社会实现高度繁荣，物质需求得到满足之后，公众对精神生活的追求会逐渐凸显，法律与道德也会对人们的自律形成急迫需求，公众对自律的要求会变得更高。

马克思和恩格斯认识到了道德的社会性，从而说明了自律实质上是将个体性和社会性统筹兼顾起来，达到二者的协调统一。个体自律是将人类的客观存在作为前提基础的，人的客观存在离不开社会与现实基础来作为支持。两人凌驾于国外诸多学者的形而上学思想之上，创建了一些新型观点。他们认为：“人类的实质是所有社会关系的总和。”② 由此而言，道德是社会环境的产物，不能离开环境而孤立地存在。恰恰

---

① 宋希仁：《论马克思恩格斯的自律他律思想》，《马克思主义与现实》2014 年第 2 期。

② 高放：《马克思恩格斯要论精选》，中央编译出版社 2016 年版，第 17 页。

是因为马克思认为人类是将社会基础作为依附，是在诸多社会关系之内客观存在的个体，才让自律不会沦为特定人群独有的特殊精神与绝对意志。马克思认为自律是一类“人类精神”，这意味着马克思等人把自律视为社会内部约束的重要工具，认为自律是与人交际遵循的社会规则。这也就意味着，个体的道德自律不是建立在“绝对精神”“自我意识”“上帝”等主观的形而上的理念之上，而是深深地根植于社会的生产生活与日常生活之中。

另外，马克思和恩格斯还从实践的维度，揭示出自律的实践本质。马克思认为，“人类和动物在生命活动上，最为本质的不同体现为人的生命活动是有意识、有目的的”①。人与动物的一个重要区别是人具有强烈的主观意识，除了可以把客观世界主观化，还可以把自身的思维与意识外化为客观世界的实体。按照马克思和恩格斯的分析，自律不仅是一种单纯的思维活动，还是一种主观性和目的性的实践活动。这就是说，人的自律只有在实践活动中才能得到理解。一方面，个体的自律需要把外界的规范内化为主观思维。人的自律需要服从于当下时空的社会规范，而不是盲目地服从于自己的“自由意志”。人只有把社会规范内化，才能产生适应社会需要的自律行为。另一方面，个体的自律需要把自律意识外化为社会行动。人的自律是否真正地符合社会要求，只有在实践中才能得到检验，也只有在实践中才能得到调整。

二 人的自由而全面发展思想

马克思和恩格斯认为，自律是基于人的自由与他律相统一的。两人一方面对康德在自律方面所形成的重要观点进行了吸纳，另一方面也进行了思想上的创新。从立足于唯物史观的维度切入，将现实社会作为自律的重要基础，同时对自律和他律二者之间的协调统一给予高

① 马克思：《1844 年经济学哲学手稿》，人民出版社 2000 年版，第 57 页。

度重视。他们认为“人类精神的自律是道德基础，他律则是宗教基础。”① 并指出“人的实质在于是所有社会关系的总和”②。两人倡导的自律思想均认为人的道德基础应当是自律，道德根据则应当是他律，而自律和他律的最终目的都是追求人的自由。道德的实质在于对人类行为实施自我控制，它是自律的一种具体表现。马克思和恩格斯认为，人类如果希望达到充分的自由，必须强化个人的道德自律意识，在缺少他人监督的情况下对自己进行严格的要求，对自己的行为进行规范，达到自律与他律的协调统一。这意味着在两人的思维意识里，强调道德并非孤立的，而是早已扎根在现实社会里，其拥有坚实的社会存在基础。

马克思、恩格斯提出的自律思想中，高度重视人的自由全面发展。马克思、恩格斯指出了人类道德的核心内容，每个人的自由全面发展是自律的最终目标。自律就是为了实现人的真正自由，人在遵守道德规范时，会进入一种无意识状态，个人感觉不到外部规则的限制，同时，个人的行为也会受到道德规范的约束。只有做到自律，才能勇于面对生活中的挑战，才能促进人的自由和全面发展。自律与人“自由而全面的发展”具有内在高度统一的关系。自律作为最理想化的修身境界，它是人类自我发展的一种现实需求。有利于推动人类社会实现全面发展，而自律缔造的自由不是一种充分自由，这种自由是有限的，是一种“积极的自由”③。在此之中，人们可以做到自觉，可以努力凸显自我价值，追寻远大理想，实现自我抱负。只有把自律放置在社会的历史长河中，使自律得到很好的贯彻，才能达到人类个性的自由解放，让所有个体获得全面发展，拓展人们的社会关系网。

马克思和恩格斯主要立足于人类的自由发展这一全新的角度审视

---

① 《马克思恩格斯全集》第 1 卷，人民出版社 1995 年版，第 119 页。

② 《马克思恩格斯选集》第 1 卷，人民出版社 2012 年版，第 56 页。

③ 乐平、杨眉：《论道德自律及其现实意义》，《江西社会科学》2012 年第 1 期。

自律、把自律与他律相结合的思路，在今天仍然具有重要意义。他律是自律的基础，而自律则是他律的最终落脚点。加强当代大学生自律意识与能力，需要大学生群体树立正确的自律观念，肩负好社会责任，对华夏民族的繁荣昌盛贡献一份绵薄之力。同时国家也要从立足他律的维度切入，优化各项政策体制，转变传统的人才培育模式，为大学生自律行为养成提供坚实的基础。如果大学生群体可以自主地将他律转化成自身的自律行动，在现实生活领域将其践行到位，则表明大学生具备良好的自律意识与能力。

第二节　中国传统自律思想的汲取

中国传统道德思想主要指的是在华夏民族发展演变进程里，不断累积形成、广为流传、得到公众的高度认可并对公众的思维模式、行为习惯、价值理念产生深刻影响的各种道德观念。纵观传统道德思想的一系列发展历程可知，"自律"的相关阐述自始至终都是客观存在的。学术界通过深入的分析，获得了充足的理论研究成果。前人们对自律问题所作的分析和探讨，对后人的研究具备启发价值。

一　"慎独"的思想

"慎独"是中国传统"自律"理念的核心范畴，是中国传统社会自律思想的主要表现。"慎独"中的"慎"字应该被训为"珍重"，"独"字则主要指与其他身体部分相对应的"心"。[①]"慎独"从本义上来说指的是珍重本心。从引申含义来说，"慎独"指的是即使在自己独处，没有他人监督的时候，也能严于律己，按照社会规范保持行为举止。从现有的文献来看，较早指明"慎独"观念的文献是《礼记》。

① 廖名春：《"慎独"本义新证》，《学术月刊》2004年第8期。

在《礼记·中庸》曾提到，“君子戒慎乎其所不睹，恐惧乎其所不闻。莫见乎隐，莫显乎微，故君子慎其独也”。《礼记·中庸》关于慎独的认识，成为后来各派学说的滥觞。

（一）儒家关于“慎独”的思想

在《礼记》之后，多部儒家经典都对“慎独”进行了发微。“慎独”思想的本义在于克己。在《论语》中，儒家明确地表示，“克己复礼为仁”。在孔子看来，要保持“克己”就一定要坚持用“礼”来约束自身，从而追求“仁”的境界。按照孔子的思路，慎独不能自然而然地达成，只能利用“礼”的力量来约束人心，从而达到克己的目的。孟子沿着相反的思路做了阐发。他也认为应该从内心着手，强化自我的“克己”观念，提出“养心”则“莫善于寡欲”。换言之，慎独应该从本心出发，而不是依赖外界的制度力量。而且，他还明确地指明，慎独的目的不是追求更多的名利，而是保持内心的安宁。例如《淮南子·说山训》说：“兰生幽谷，不为莫服而不芳；舟行江海，不为莫乘而不浮；君子行义，不为莫知而止休。”这里指出君子修德要努力做到“不为莫知而止休”，其突出的正是自觉性的品格。“慎独”思想是儒家思想的独特创造，在几千年的历史长河中对于中国的风流人物、僧俗道儒、平民大众都产生过重要影响。

（二）其他学派关于“慎独克己”的观念

其他学派虽然没有明确提出“慎独”的观点，但却提出过与“慎独”相关的克己思想。在这一点上，不同学派关于“慎独”的方案，有明显不同的思路。墨家与孔子类似，比较注重外在约束来实现克己。墨家特别强调“节用”“节葬”等原则，希望通过物质上节省形成精神上的美德。墨子认为，通过节制物质财富的消耗，保持克己的状态，是维持社会安宁的重要手段。他在《墨子》中提到，“用不可不节也”。墨家与孔子虽然都强调外在发力，但是思路并不完全相同。孔子更多的是利用道德规范约束个体，仍然属于精神层面的克己，但是墨家明显更重视物质层面的克己。在这一点上，道家和孟子的思想有异曲同工之妙。孟子与道家都主张通过修心达到克己的目的。老子在《道德经·第十九章》中曾提到克己求道的原则，要求人们“见素抱朴，少私寡欲，绝学无忧”。在道家理论中，克己的重要方法是给自己精神世界做减法。只有约束自己的内在欲望才能达到克己的目的。无论是从内入手，还是从外入手，中国古代的传统自律思想，把“克己”放在了一个非常重要的位置。这种“克己”的方法与儒家的“慎独”思想的旨趣是完全相通的。

（三）“慎独”思想的发展

儒家“慎独”思想在两宋时期得到了进一步发展。其中，朱熹对于“慎独”思想的发展起了重要的推动作用。朱熹认为，“君子慎其独，非特显明之处是如此，虽至微至隐，人所不知之地，亦常慎之。小处如此，大处亦如此，显明处如此，隐微处亦如此。表里内外，粗精隐现，无不慎之”①。从朱熹的话中，可以将“慎独”理解为，个体在脱离外界约束的情况下，以高度的自制力和自觉性，按照已有的道德规范进行各种活动，主要包括慎始慎终、慎言慎辨、慎隐慎微、慎欲慎省。慎始，也就是要培养良好的道德修养，一定要走好第一步，构筑好第一道防线，一个好的开端往往会对事件的发展产生很大的影响。慎终就是要追求一个好的结果，要始终保持一种坚韧不拔的精神，不背离最初的信仰与精神。慎言强调在行使话语权的时候，要注意语言文明规范，在法律和道德允许的范围内发表言论，确保语言的真实性、可靠性、规范性。慎辨指的是在个人独处的时候，可以清楚地分辨出事物的是非黑白，用理性的思维和方式对待各种事件，它是独立思考和判断能力的一种外化呈现。慎隐是指在周围无人监督时仍能自

① 朱熹：《四书章句集注》，中华书局1983年版，第18页。

觉地规范自己的行为，按规矩办事。慎微是谨小慎微，就是对小事要有一颗谨慎的心，一旦犯了错误，就要立即改正。慎欲，就是要学会克制自己的不良欲望，不让它们“膨胀”，用理性的态度战胜不良的想法，是一种自我约束和自我监督的能力；慎省就是要及时地反省自己的思想行为，反思自己的言谈举止是否得体，反思自己的行为是否合乎道德，反思自己的理念是否正确，从而达到自律的目的。

（四）“慎独”思想的借鉴

“慎独”思想在今天仍然具有重要意义。“慎独”是我国传统文化崇德修身思想中一个非常重要的加强自我修养的方法，也是实现崇高道德境界所需的自身素养，是一种“理性的自律”。个体在充分享受自由的同时，更容易忘记道德义务和责任。“慎独”的蕴意总结起来可概括为，个人要磨炼自己的意志，克制和约束自己的行为，尤其是当他独处或无人监督时，仍要自我约束和控制，坚持自己的道德意志，谨慎而不放纵，做到律己、诚己和完己。律己强调在无人监督的情况下仍能按照社会的要求去做，诚己强调要做真实的自己，完己强调个体要不断完善自我。“慎省”要求主体在行为前认真考虑和思量，行为中对于不当行为或失范行为要及时调整和纠正，敢于承认错误。可见，“慎独”把道德义务纳入了自觉的理性活动中，使个体从内在出发建立自我约束的监督机制。大学生自律行为的养成需要学生将自律行为意识外化于行，自觉遵守相关的道德准则，所以“慎独”与自律行为有内在一致性。

传统社会的“慎独”思想也应该与时俱进。不同的时代有不同的社会规范。传统时代“慎独”主要是通过传统法则来约束个体，在现代社会并不一定适用。比如传统社会主张“举头三尺有神明”，通过无处不在的“神”来约束主体。显然，这种道德约束法则在当下并不适用。所以“慎独”的社会发展，应该对现代社会的新形态作出相应的反应，及时地顺应时代需求，寻找当代的“慎独”方式。当代的道德规范与法律规范也应该与时俱进，不断发展，才能更好地适应大学生的“慎独”，促进社会的健康发展。尤其是在信息时代，信息随时都可发布，瞬时被人获悉，信息的扩散是典型的多级传播。思想政治教育工作者应该充分利用多种信息手段，加强“慎独”精神的宣传与教育，充分利用微型媒体传播的便利条件，开展“慎独”教育，使学生掌握“慎独”知识，由接受“慎独”精神，转变为实践“慎独”行为。

二 “诚身”的思想

中国传统的自律思想非常注重“诚身”。所谓“诚身”，指的是一种心不自欺的精神状态。《中庸》指出，“诚则形，形则著，著则明，明则动，动则变，变则化。唯天下至诚为能化”。“诚则形”是一种自由的道德人格的表现，其自主、自愿且具有内心信念，持至诚也而得之则易举也。也就是说，人深造自得于道，而达到“不思而得，不勉而中”之境，则其行自然合道，不必勉强。

（一）儒家的“诚身”思想

儒家思想非常深邃的一面就是把“诚”和修身联系起来。中国古代较早记述修身观的是《尚书·旅獒》中曾提到“呜呼！明王慎德，四夷咸宾”。而儒家最重要的贡献是把“诚”纳入了修身的范畴中。《大学》曾把“诚其意”与修身联系在一起认为，“意诚尔后心正，心正尔后身修”。儒家用“正心”把“意”与“身”联系起来，使得内在的道德修养与个体的外在社会行为有机地统一起来。在这个统一的过程中，“诚”是一切动因的根本。如果“意”不够“诚”，自然也就不会有方正之心，也就不会达到修身的目的。《礼记·大学》云：“所谓诚其意者，毋自欺也，如恶恶臭，如好好色，此之谓自谦。”在儒家看来，所谓的“诚其意”就是要坚持自律的原则。自律的本质在于不欺骗自己的内心。因为人可以通过各种手段来伪饰自己，使自己呈现出道德高尚、仪态优美的样子。但是，由于不能坚持“诚”来正其心，也就不能达到自己的目的。道德主体在没有外在监督的情况下，最重要的是做到自己不骗自己，坚持自己内心的信念和理性。所谓自律的目的不在于获得外在的社会认可，不在于追求更多的功名利禄。自律的本质在于不骗自己。由此可以看出，儒家的“诚身”思想从个体内在本原的角度考察了自律思想。

（二）其他学派关于“诚身”的观念

其他各派也从各自的立场强调了修身的重要性。墨家的修身观念不是从“诚”出发，而是从“义”的角度来说明。在墨家看来，个体在修身的过程中，要想达到高度道德自律的目的，就一定要处理好“义”与“利”这对矛盾关系。在《墨子·非儒》中，墨子谈到，“近以修身，不义不处，非理不行，务兴之利，曲直周旋，利则止，此君子之道也”。墨家的观念是，修身应该在“义”与“理”的原则指导下进行。只有坚持重义轻利，坚持正确的义利观，才能最终达到修身的目的。墨家还认为，人的心智是与所处的环境密切相关的，所以修身一定要有良好的育人环境。这就是“染于苍则苍，染于黄则黄”的道理。与墨家不同，道家的思想中内含着尊重自然的观念。道家崇尚道法自然，追求超脱物外的精神。所以，修身的关键就是遵循固有规律，不能盲目地破坏自然规则。而在与他人相处的过程中，个体则需要通过“不争”来达到修身的目的。这里的“不争”不是不争抢的意思，而是指万事不争先。“不争”富含深刻的辩证法思想。老子在《道德经》中说，“是以圣人后其身而身先，外其身而身存”。所以，不争先并不意味着会落后，反而应为“不争”而超前。正是通过这种辩证法思想，道家把个体的修身与社会生活联系起来。

（三）“诚身”思想的发展

宋明理学继承了儒家的“诚身”思想，又吸纳了其他学派的“修身”观念，从而推动了“诚身”思想的进一步发展。宋明理学最大的发展就是，将个体“诚身”与天地万物联系起来。“诚身”的主要观点是“诚”。宋明理学把这个“诚”扩展为本体天道和人道。何为本体的诚？《中庸》曾言，“诚者，天之道也；诚之者，人之道也”。这就是说，天地的本质、人伦的本质就是诚。所以，人们要顺从天地的本性，顺乎人之本质。“诚”就是天地之道，也是人类的本性；人类就应该按照“诚”去做，这充分体现了“天人合一”的思想。周敦颐把“诚”和道家的虚无、无极等结合在一起，把“诚”看成是无极的内在特性。周敦颐在他的《通书》中强调，“元亨，诚之通也”，“利贞，诚之复也”。无极就是无声无息的天地和人性的本源，摸不着、看不见，却体现出某种带有类似诚的特点的东西。换言之，传统文化的“诚身”思想，把个体的自我修养外化为天地万物的运行规律，成为不可撼动的自然法则，从而使“自律”获得形而上的神圣外衣。

宋明理学之后，“诚身”思想获得了进一步发展。明末清初的“诚身”思想把天道和人性相结合，说明了个体强化自律修养的程序或者方法。在个体追求自律的过程中，既不能欺骗自己，也不能欺骗天地。王夫之认为，“动而慎于隐微，使此理随发处一直充满，无欠缺于意之初终者，诚也。外而以好以恶，以言以行，乃至加于家国天下，使此理洋溢周边，无不足用于身者，诚也”①。“诚身”也就建立起个体从内到外的自律修养程序。在“诚身”的观念中，自律不仅是个体的行为，而且是一种内外如一、人我同一的境地。换言之，自律是私我与公我的同一。当个体保持自律的时候，既是对于自己道德境界的升华，也是对于天地之间规律的敬畏。如果自律达不到这一点，真正的信实就不能形见于外，他人也就不能随从。或者说，即使他人随从，在随从的同时必然产生怀疑。可见，“诚身”对于自律起着至关重要的作用，不至诚就达不到慎独的境地。

① 王夫之：《船山全书》（第6册），岳麓书社2005年版，第994—995页。

三 “自省”的思想

除了对于“慎独”和“诚身”进行思索外，中国的传统自律思想中还催生出“自省”的观念。最早提到“自省”概念的典籍是《论语》。在《论语·里仁》曾提到，“子曰：见贤思齐焉，见不贤而内自省也”。“自省”概念里的“自”指的自己，“省”原本是检查的意思，这里引申为反思之意。所以，“自省”的本质就是指个体的自我反思。自省是个体保持自律的重要环节，在中国古代有多个思想家对这个问题作出了具体阐释。

（一）儒家的“自省”思想

儒家学派以“仁”为核心，强调道德自律意识和观念的养成。这既需要“吾日三省吾身”的自省意识，还要有“见贤思齐焉，见不贤而内自省也”的躬行实践，自觉强化道德意识和道德观念。其他学派也对这个观点有近似的论述。“自省”的思想包含着深刻的含义。一方面，“自省”是个体提升道德修养的重要手段。应当说，自我修养、自我反省是个人德行的重要途径。从动机与效果两个层次来看，它也是一种方法追求，通过自我反省达到纯粹的行为动机。在道德修养上，孔子强调要实践自己的真实想法，必须亲自实践，这就要求个人具有自我约束的能力。孟子认为，首先应自省，然后加强自我修养，努力成圣。内省是一个人经过长时间的自我完善，进而不断升华的过程。它在强调道德自律的同时，也强调人的“心”“性”“本”“源”的追寻。这个过程不仅强调道德的自律性，而且同样注重对内心的体察，对心性的感悟，对本源的追求。另一方面，“自省”是个体做事和担责的前提条件。孔子指出：“不患人之不己知，患不知人也。”① 就人与人之间的关系而言，与其说别人不认识你，不如说你不认识别人；不

---

① 孔子：《论语·卫灵公》，张燕婴译，中华书局2006年版，第12页。

要担心自己会失去这个职位，而是要想一想，以自己的能力，能不能胜任这份工作。也不要担心别人是否完全了解和熟悉自己，而是要切实求得可以成为别人了解自己的资本或品质。

（二）其他学派的“反思”观念

除了儒家对于反省特别重视之外，其他学派的思想家也都非常重视个体反思。墨家认为君子应该随时向周围人学习，并不断地反思自己，以提升自己的修养。例如《墨子·修身》中提出，“君子察迩而迩修者也。见不修行，见毁，而反之身者也，此以怨省而行修矣”。可见，反思对于个体的道德修养提高具有重要价值。墨子还进一步提出了“贫则见廉，富则见义，生则见爱，死则见哀；四行者不可虚假反之身者也”的观点。在墨子看来，个体应该随时都保持一种反思精神。反思应该从事物的相反面入手，从不利之处发现有利，从不义之处发现义之所在。在这一点上，道家与墨家有相似之处。老子在《道德经》中指出，“持而盈之，不如其已。揣而锐之，不可常保。”可见，道家同样认为应该坚持辩证的思想，随时随地保持反思的精神。不同的是，道家非常重视养心来达到反思的目的。庄子认为，应该通过超脱物外、保养心智，来实现自我反思。庄子在《庄子·在宥》中曾经提到，“目无所见，耳无所闻，心无所知，神将守形乃长生”。可见，虽然各派的具体观点并不相同，但却都不约而同地主张“自省”的理念。

（三）“自省”思想的发展

自两宋开始，很多思想家对儒家的“自省”思想做了进一步发挥。朱熹十分赞同曾参的“吾日三省吾身”思想。他认为应该通过自省的方式把人欲消灭于萌芽之中。在他看来，人的自我反省不能在碰到风险与危险的时候再进行，而应在平日里就不断磨砺自省的功夫，从而提升自己的道德水平和明辨是非的能力。所以，人要“闲居无事，且试自思之。其行事有于所当是而非，当非而是，当好而恶，当恶而好，自察而知之，亦是工夫”。[①] 张载则相信时常反省自己的人，就不会经常挑别人的毛病，而总是向内审视，增强找寻自己的不足之处。所以，“过虽在人，如在己，不忘自讼”[②]。王阳明则坚持朱熹的观点认为，“省察克治之功，则无时而可间”[③]。在王阳明看来，养气正心与自我审察是完全相通的，个体应该在日常的生活中就养成自省的习惯，从而达到养气正心的目的。曾国藩认为，“动心忍性，斯大任之基；侧身修行，乃中兴之本。自古成大业者，未有不自困心横虑、觉悟知非而来者也。”[④] 从这个意义来说，个体的“自省”并非完全为了纯粹的内圣，更要通过“自身”来达到外王的目的。个体要借助“自身”锤炼一颗虔诚的正直的心，管理家庭，治理国家，最终达到天下安定、四海太平的目的。

总之，中华优秀道德思想中的自律修养方法为当代大学生自律行为养成提供了方法借鉴，在继承传统中推动自律行为养成方法的创新性发展。第一，当代大学生自律行为养成要帮助大学生学会慎独的修养方法。当代大学生自律行为养成只有在自觉自律的自我约束中，将社会主义道德内化于心，才能塑成良好的品德，成长为懂得慎独自律的当代青年。第二，当代大学生自律行为养成要引导大学生学会自省。只有大学生“见贤思齐”，积极主动地用社会规范和伦理道德检验自己的言行，在自省中勇于自我教育和自我革命，才能在自省、自警、自励中逐渐形成良好的品德。第三，当代大学生自律行为养成要注重知行合一。当代大学生自律行为养成只有将品德认知和品德实践连接起来，才能使当代大学生在躬身实践中提高品德水平，成为言行统一、知行合一的崇真向善的社会主义新人。

---

① 黎靖德编：《朱子语类》，中华书局 1986 年版，第 228 页。

② 张载：《张载集》，中华书局 1978 年版，第 29 页。

③ 王阳明：《传习录》，岳麓书社 2004 年版，第 48 页。

④ 曾国藩：《曾国藩全集》，岳麓书社 1987 年版，第 360 页。

第三节　西方自律思想的借鉴

西方关于自律相关理论最早可以追溯到古希腊时期。从苏格拉底开始自律思想就初具雏形，他最早提出道德自律的重要性。亚士里多德在继承这一观点的基础上，进一步深化了苏格拉底的思想。斯宾诺莎、康德、柯尔伯格和其他西方哲学家先后提出了自律的思想。从希腊时期到文艺复兴时期，再到宗教改革时期，人们对自律的认识与理解相差悬殊。在社会持续演变发展过程中，国外诸多研究者对道德自律所作的分析与探讨更为深入，获得的成果越发丰富，其立足于心理学、教育学等维度切入，系统化地论述了道德自律问题。这些学者提出的理论观点在价值澄清理论、存在主义教育学理论等诸多理论里都有具体表现，这些思想对当代大学生自律行为养成教育具有很大的参考价值。

一　古代西方的“节制”思想

在古希腊时代，西方的很多学者提出了一些先进的思想观点，对欧洲伦理道德思想产生巨大影响。尽管这一时期很多研究者并未对自律进行过多论述，但是在其提出的思想观点里，具有大量的道德自律内容。很多思想和自律的内涵非常贴近，比如“自制”“节制”思想等，均被人们看作十分重要的德行。古希腊时期著名的思想家苏格拉底、柏拉图和亚里士多德等都曾对这些观点进行过阐发。

苏格拉底是希腊教育史上一位伟大的思想家，其教育思想在近代以来一直被人们推崇，其教育思想对整个西方伦理学史有深刻的影响。关于道德话题的讨论，苏格拉底认为一个有道德的人必须具备四美德，即“智慧、正义、勇敢、节制”[①]。所谓节制就是要求人们严于律己，

① 曾淑煌：《教育责任与责任教育》，厦门大学出版社2016年版，第24页。

克制自身欲望。他认为，节制表示自我控制。对有道德的人进行评判时，可依据其是否具备自我节制意识与能力。苏格拉底的“自律伦理学”提出，要正确地认识“善”，然后用“善”这种认知规范自身的行为。苏格拉底对理智的自律表示了肯定，他相信理智可以让一个人控制他的不当欲望；在获得知识的过程中，运用积极的思维方式，在这种思维方式中，已有了道德的自我约束。通过上述分析可知，在苏格拉底的意识形态里，理性主义自律思想已经初露头角。

柏拉图对苏格拉底的思想进行了丰富与完善，其创建了先进的德育思想系统，在该系统中将“理念”作为核心，该“理念”代表的是亘古不变的世界万物存在模型。在这类理念的协同影响下，构造了客观世界。纵观这些理念可知，善则是至高无上的理念。柏拉图强调，适度与善良之间是一种互动关系，节制有利于善的实现，善对于机制也起促进作用。柏拉图对于灵魂的三个方面，即理性、意志和欲望作出了不同的评价，并在哲学中首次明确地提出了“意志”这个概念。他指出，在人们的灵魂深处，理性是最佳部分，它的级别是最高的，能够对其余部分产生显著的统领作用；人们的意志可以对理性指令实施贯彻，从而对个体的欲望进行克制，并且对理性发挥显著的保障功能；而欲望是人们灵魂的驱动力，其是最低劣的物质。柏拉图认为个体的意志功能效用相当显著。利用理性的统领，个体的意志可以实现对人类欲望的克制。其中隐藏着以人的主观意志对个体欲望进行克制的道德自律思想。柏拉图在理解个人的正义时认为，人应该具有三部分美德，即“智慧、勇敢和自制”①。这里柏拉图提出“自制”是对于欲望的克制，而在三种美德的作用下则产生了第四种美德，即“正义”。柏拉图还认为，“自制是一种秩序，一种对于快乐与欲望的控制”②，强调人们不能超出自己的欲望。

---

① 赖辉亮：《柏拉图传》，河北人民出版社 1997 年版，第 85 页。

② 赖辉亮：《柏拉图传》，河北人民出版社 1997 年版，第 84 页。

亚里士多德通过对柏拉图的相关理论思想进行系统化解读之后，创建了中庸思想。他强调，节制的实现程度应当达到中和，这即是最优状态，并表示个体可以实现自我控制，原因在于人类可以脱离感情的干扰，不被感情相关要素约束。而在此过程中，个体的主观意志起着很大的作用，是个体自我克制的关键。个体只有对自己的情绪进行理性的控制，才能更加自我克制，这个过程是不依靠任何外界力量的，完全是自己的意志。因此，克己是人成德的钥匙，凡不能克己者，当以德为先。在他看来，德行的实践性非常重要，实践和人的行为息息相关，因此在个体实施的行为和德行要求完全契合的情形下，人类才能被视作一个有德行之人。亚里士多德强调，人要以德为本，若不以德为本，则永远无法成为“好人”，而“善”之行，乃由心而发，并非由外力所迫。换言之，自律是成德的关键，也是人之为人的关键。

欧洲文化起源于古希腊，古希腊学者注重理性、注重知识，注重个人自律，对后人产生了深远影响。这些学者深入分析与探讨了理性、德行和人的欲望所存在的内在关联，为其他学者研究人类的道德自律思想的衍生、演变过程提供深厚的理论依据，同时也为人们研究自律行为奠定了重要的理论基础。

二　文艺复兴时期的“理性”思想

进入文艺复兴时期之后，资本主义生产模式大量涌现，成为时代的主流，社会思想意识发生了重大变化。人本主义逐渐成为社会的主导思想，它反抗神权，反对权威，突出了人的主体价值，对个体的主体性、主观能动性给予高度关注，这些思想为自律思想的丰富与完善奠定了坚实的基础。

奥古斯丁分析了自由意识对人类向善向恶发挥的功能效用。他强调人的意志处于自由的状态，个体能够对诸多意向自由地进行抉择。不管人类实施的行为是向善还是向恶，都和个人的意志、行为抉择息息相关。该学者对自由意志和责任存在的关联进行了系统化分析，认为人们需要对自由意志抉择之事肩负相应的道德责任。“倘若人们并未自由地作出抉择，那么便无法实现奖罚分明、公平公正。”[①] 令人惋惜的是，最后其自由意志开始偏向于上帝。在他看来，上帝为人类创造了自由意志，提供了自由抉择的机会。如若上帝未对人类施以恩惠，那么人类便无法自由地对向善还是向恶进行选择。其表示，人的意志是在个体的权能以内的，是能够自由予以选择的，他对外在规约存在抵制的心理，这其实是其道德自律思想的具体表现。

阿伯拉尔完善了奥古斯丁的自由意志思想。他认为，人们实施的道德行为主要取决于个体的自由意志，并明确表示，道德德行需要人类以意志对人的本性进行规制，要求人类对自我错误的思想进行摒弃，对个人贪婪的欲望予以克制。他还指出，人类的意志是对人类道德行为进行评价与判别的重要标尺，它的价值与作用不容小觑。人的行为善恶不仅取决于行为本身，更取决于行为背后的意图。因此，在对罪责的归责及判定中，必须根据行为的意图而非单纯行为本身。阿伯拉尔还指出内在忏悔是对人类做出的处罚，个体在犯了错误之后，必须积极地予以忏悔，做出相应的弥补，这是人们肩负责任的具体体现。“继阿伯拉尔之后，意志开始朝着成就德性和幸福的‘善良意志’这个自由概念的路径不断迈进，康德最后明确了这项原则。所以，人们将阿伯拉尔伦理学视作近代自律理论的重要先驱。”[②]

弗兰西斯·培根非常注重内心的美善。他认为，只有内心的美善，才能够刺激人追求全体福祉和善行，同时抵制各种诱惑的侵蚀。培根强调，情绪、情感等要素对个体精神及行为产生显著的作用。人们应当对怎样利用某种情感或者情绪对其他情感或者情绪进行抵制予以分

---

① ［古罗马］奥古斯丁：《论自由意志：奥古斯丁对话录二篇》，成官泯译，上海人民出版社 2005 年版，第 100 页。

② 周小结：《阿伯拉尔伦理学研究》，浙江工商大学出版社 2014 年版，第 2 页。

析。唯有明确这些方面蕴藏的客观规律，才可以帮助人们实现理性思考，维持心灵上的安宁，防止出现抉择失误，自主地强化个人的德行。并表示“善德在于人心”，这充分说明自律非常关键。夸美纽斯认为在实施道德教育过程中，需要对人们的意志自由与主观能动性给予充分尊重，这其实同样隐藏着自律的含义。因此，自律行为的培养在道德教育中具有重要意义。

蒙田认为，人的道德品质与宗教信仰无关，封建道德与人的理性和天性相悖。他主张道德判断基于人们的意见，而非行为和事物本身。人的意志自由，完全可以自主对行为作出抉择。人们在追寻美好生活的欲望控制下，对个人的命运进行抉择，对得到幸福还是获取痛苦进行决定，对变成圣贤之人还是罪恶之人予以抉择，所以其在道德伦理方面，把宗教与世俗权威全面剔除，并强调人类需要对个人的命运进行自由掌控。同时表示自我反思和独立思考是道德自由的基石，人们应该摆脱思维惯性和盲从，根据自己的理性和良知判断行为的善恶。蒙田认为“良知是意见的重要前提基础，所以以良知为标尺进行的抉择、实施的判别，是对向善和向恶予以评估的衡量标准，良知与品德是对个体价值进行评价的重要依据”①。立足于此，他表示人类需要依据人性的要求来生活。与此同时，还需要自由地作出抉择，实施有效的约束。人们应当用理性的态度监督本性，使人的欲望变得有分寸。这部分思想蕴藏着道德自律思想。

进入文艺复兴之后，哲学家们开始推崇人文主义，跳出中世纪固有的信仰思维，重新关注人类价值和世俗道德。他们强调人类应该担负更大的责任，为自己在世界上寻找意义和立足之地。这种思想逐渐催生了近代哲学的诞生。近代哲学以理性为核心，强调人类的思维能力和自主性，试图通过对知识、现实、价值等问题的探究，通过主体

① 孙鼎国：《西方文化百科辞典》，吉林人民出版社2006年版，第366页。

自律的追求，帮助人类理解自身和世界，并找到更加自由和合理的生存方式。这一时期哲学思想的转变，标志着人类的“自律”思维的历史性进步和哲学研究的新方向。

三 近现代西方的“自律”思想

在资本主义革命时期，资产阶级占据主要的统治地位，社会经济实现了高度繁荣，这为各类思想的演进创造了有利的条件，同时社会各界对于科学自然给予了更多关注。立足于此，卢梭认为个体的品德和个体意志息息相关，个体的意志对人们塑造高尚品德奠定了坚实的基础。他明确表示，在人类的本性中有善的一面。而在诸多要素的影响下，人们也会暴露出恶的一面，自甘堕落。个体和个体的无序竞争同样产生了一定的负面影响，但是个体的意志是最核心的影响要素。如果人们可以自觉地进行自我控制，便能够更好地应对不良要素的干扰。这一点对强化人们的自律意识与能力产生积极影响。因此，自我约束和自律思想在卢梭哲学思想中具有重要地位。

就哲学的角度而言，自律内涵定义和康德提出的一些理论息息相关。康德最先创造性地提到“自律”这个概念，他所提出的哲学相关原理主要源自其实施的哥白尼式革命。其依据哥白尼创建日心假说的方式来进行实证研究，充分证实对象一定要和主体的先天认知形式相契合，且由此对道德是个体的内在需求作出了全面印证。他强调“人们应当把被动的外在强制逐渐地转变成主动的内在意志自律”①。自此之后，“自律”这个词汇正式诞生。同时他还认为，理性能够为道德行为提供动机，自律是纯粹理性的产物，不能被私欲掺杂。他认为，实现自律需要主体服从道德法则，这需要主体在内心深处确立遵循道德法则的本能，而不是被迫遵循规则。因此，纵观康德提出的各项思想

① 宋希仁：《“道德的基础是人类精神的自律”释义》，《道德与文明》2000 年第 3 期。

观点可知，自律具备相应的形式。他还认为，想要达到自律，行为主体必须顺从相应的社会规则，要求行为主体充分认识到顺从规则是承担责任的一种本能，并非一种强迫，进而使行为主体自觉地执行相应的社会法则。从哲学的角度分析，自律的核心要素在于要求人们在实践过程中对理性进行坚守，实现意志自由，达到行动自由。在人的自由意志抉择过程中，将个体的主体性权威彰显得淋漓尽致，这意味着个体的尊严取决于遵从社会法则，同时表现为所有的个体均是理性之人、有道德之人。

对于康德提出的自律源于理性这种思想，涂尔干给予了高度认可。同时他还强调想要达到自律，不但离不开个体内在的理性要求，而且也需要社会的道德规范的支持。他认为，社会中的种种要素都对自律提出了很高要求。自律要求人们对命令式的社会准则进行严格的遵从与践行，所以其倡导的自律则是将理性要求作为核心的自律，不过这种自律也受社会外界因素干扰。自律的形成需要其他准则的约束，主要是命令性的存在。因此，其倡导的自律是将理性要求作为核心的自律，是社会外部自律。

弗洛姆认为自律是行为主体考量到当前的实际发展现状与将来的发展需求而由此产生的许多行为准则。为自己即为人类而建立的道德规范，其基础和目的在于人类本身的成长，它构成自律的一个内容层面。在弗洛姆看来，善恶不取决于外界，而取决于人本身的发展状况。一个人所需要的东西和对他所有利的东西，即是善；对人没有必要的或者对他本人不利的，这是邪恶。对人的成长起辅助作用的是正直；成长为绊脚石的是邪恶。这种权威主义良心用权威利益设定规范，即把人降格为实现其利益的手段。实现人类自身利益是人类不断激发和提升潜能。人类本身的真实声音，是我们可以确立原则的准则。人是根据自己的需要而发展出道德原则的，并能按照这一道德原则来规范其人生，其本身既是制定者和执行者，也是随着形势的发展而修正各项规则的决策者。所以，无论是神灵、世俗权威，还是国家、社会及个体，都无法作为善恶标准之基础。

在斯宾诺莎看来，人类具有理性，人类经过理性思维训练后能够客观看待世界，进而正确地评判事物。他也相信对人类最大的利益是人类，除此没有什么能代替人类的地位。从这个角度来说，人们能够维持生存的原因在于他们有理性，而他们对利益的较好追求则是受理性支配的。斯宾诺莎还强调个人私利和共同利益相统一的根本在于维护人的私利。个体的意志可以对自然必然形成充分的认知，依据必然做事，这便是自由。从自由之人的角度来说，则是顺从理性之引导而活，而且是最幸福、最快乐、最高尚者。这是一种求得真理知识之后，心灵上的最大幸福和快乐。

总之，不管是东方还是西方，很多思想家都对自律这个问题进行过系统而深刻的阐释。这些阐释对研究当代大学生的自律养成具有重要的借鉴意义。中国传统思想中的“慎独”“诚身”“自省”等思想，西方的“节制”“理性”“自律”等自律思想，在今天仍然具有启示意义。马克思和恩格斯则站在了巨人的肩膀上，对于自律思想做了科学阐发，为现代社会的自律养成提供了基本思路。无数马克思主义者沿着马克思和恩格斯的思路，对自律和他律问题继续深入研究，既注重自律精神的养成，又为自律思想赋予时代内涵，为研究大学生自律养成奠定了坚实的理论基础。此外，中国共产党主要领导人继承并发展了马克思主义，在充分认识党情、国情和世情的前提下，继续深化马克思主义的自律思想。特别是党的十八大以来，习近平总书记高度重视青年自律能力的培养，对于青年人的自律养成做出了系统论述，为研究当代大学生自律行为奠定了坚实的理论基础。

第四章 当代大学生自律行为养成的现状调研

当代大学生自律行为养成的基本情况考察十分重要。因为该群体正处于塑造正确“三观”的重要阶段，思想观念、行为模式尚未定型，其不但表现出乐观进取、自觉学习的品质，而且暴露出自我控制能力不强、是非分辨意识薄弱、思想较为简单等问题。通过分析当代大学生自律行为养成的基本情况，有利于找出当代大学生自律行为养成的缺陷，制定切实可行的优化举措。这不但是一种社会发展的现实需求，还是各类大学对大学生自律行为进行培养的必经之路。

第一节 调查的基本情况

当代大学生自律行为养成的基本情况调研，主要是建立在大学生自律行为养成教育特殊性和代表性、个性和共性之间具有的辩证统一关系基础之上的。本书在对一些极具代表性的学校展开系统化的调研之后，研判当代大学生自律行为养成的整体现状与存在问题，为探寻当代大学生自律行为养成的基本路径提供正确方向和指引。

一 调查目的

本书对当代大学生自律行为养成的基本情况进行调研时，对我国一些典型的学校进行问卷形式的调研，以期可以从调查研究出发掌握当代大学生自律行为养成现状及其养成教育情况，目的在于依据问卷调研结果，探寻切实可行的教育优化举措。

二 调查设计

本研究通过编制《当代大学生自律行为养成调查问卷》展开当代大学生自律行为养成的基本情况研究。在借鉴前人研究成果的基础上，进行问卷设计。参考学校导师、专家的意见，进行问卷修改与完善，最终得到《当代大学生自律行为养成调查问卷》。

《当代大学生自律行为养成调查问卷》包括四个方面的内容：一是基本情况调查，主要是以在校大学生为调查对象，了解其性别、年级、专业等基本信息。二是当代大学生自律行为调查，主要是对当代大学生自律行为现状进行调查，包括当代大学生道德自律行为、法纪自律行为、网络自律行为、学习自律行为等方面，以便对当代大学生自律行为现状有整体的把握。三是当代大学生自律行为养成问卷调查，主要是了解大学生在学校、家庭等场所关于自律教育的相关情况进行调查，为当代大学生自律行为养成问题分析提供素材。四是大学生自律行为养成相关影响要素分析，旨在掌握养成教育的实质动因。

三 调查对象

本研究以问卷调查为主，主要选取一些较为典型的专科与本科学校发放问卷，进行自律行为养成状况的调研。为消除地域差异的影响，本书在中部、西部、东部各选取了一些典型大学，进行系统化调研，期待可以立足全局的高度，将大学生自律行为养成教育的真实情况充分地彰显出来。

本研究最终选取 B 大学、D 大学、Q 大学、S 学院、L 学院、N 学院共 6 所学校的学生进行调查。此次调查采用线上与线下调查相结合的方式，通过委托所在学校同学进行宣传、推广，以确保问卷调研的数量与质量。在问卷调研过程中，下发的问卷调研表总量达到了 1600 份，最终收回的数量达到了 1390 份，通过展开统计分析可知，具备有效性的问卷调查表有 1335 份，问卷有效率高达 96. 2% 。

第二节　当代大学生自律行为养成的成效

从本质上来说，大学生自律行为养成是应然和实然之间的辩证统一。从应然的角度来说，帮助大学生群体养成自律行为是道德教育的核心目的。具体而言，大学生自律行为养成就是采用德育的手段帮助大学生将自我和他人、社会存在的关系协调均衡好，使大学生在作出道德抉择过程中，能够以道德标准为衡量标尺，严格约束自我行为。从实然的角度来说，大学生自律行为其实是该群体面对社会外界条件要素的影响，作出抉择过程中客观存在的一种行为。如果希望道德教育获得显著成果，那么应当对大学生群体自律行为的实然状态有深刻的认知与理解，为应然状态的出现奠定坚实的基础。本研究通过问卷调研的形式分析与探讨了大学生群体自律行为养成的实际情况。依据问卷调研结论可知，整体而言，中国道德教育获得的成果十分丰硕，大学生群体自律行为合规合法、趋于向好，和社会准则、时代要求是相契合的。

一　养成教育受到重视

通过调查，在当代大学生自律行为养成方面，高校对于自律行为越来越重视。一方面，随着高校教育的普及和大学生群体的扩大，学生的自主性和自我约束能力越来越成为教育关注的焦点；另一方面，社会对于高校毕业生的要求越来越高，要求他们具备良好的自我管理和自我调节能力。因此，高校越来越注重通过养成教育，引导学生自觉养成自律行为。调研发现，高校采取了多种方式开展养成教育。比如，通过校园文化建设，营造积极向上、健康向上的校园文化氛围，引导学生自觉养成健康的生活方式和行为习惯；通过学科教育，培养学生的自主学习能力和自我约束能力，引导学生主动学习、自我评价和自我提高；通过心理健康教育，引导学生自我认知、自我管理和自我调节，提高学生的心理健康水平和自我控制能力。高校生活和过去表现出显著的差异。新型的信息技术手段层出不穷，再加上高校为学生创造了舒适的学习环境，极大地开阔了青年学生的眼界，让大学生们能够快速成长。在高校的教育引导下，现阶段大学生不再盲目地屈服于权威，而是常常进行反省，致力于追寻个人的价值，对自我的价值系统予以重构。

二　自律意识得到强化

大学时期是学生树立正确“三观”的重要阶段。在这一阶段，学生的价值理念会产生巨大转变，同时开始从自发转变为自觉，从他律过渡为自律。在当前的时代背景下，青年学生既对科学知识的学习给予高度关注，又对具象化的现实生活广泛聚焦。其价值抉择原则从传统的“重义轻利”不断向“义利融合”转化，价值追求趋于理性，自律意识得到强化。根据调查，47.27% 的大学生表示不要挂科；46.59% 的大学生表示以不合理的手段获取奖学金的行为违背了公平原则，应当对此严厉打击；42.15% 的学生则指出个人对这类行为相当排斥，但为了维系和谐融洽的同学关系，会选择睁一只眼闭一只眼，未实施行动予以抗议。通过调查，35.46% 的大学生认为自律行为是十分重要的；94.51% 的学生指出，了解且遵从社会道德标准对个人的发展大有裨益，有利于彰显自我价值。大部分学生在价值观层面显示出的一个核心特征为对个人价值系统的建立给予高度重视，对未来的发展路径进行系统化考量，并且很多学生表示其具备了某项价值观，还将其视作重要的抉择与判别根据。据此得知，对于价值观问题，学生未出现明显的意见分歧。大多数大学生表示他们认真思考了他们的价值观问题并且肯定他们拥有一个行事的价值体系——这类自发的价值观构建活动所占的比重很大，充分显示出他们对自己精神世界的重视与关怀。在基本明确道德规范的情况下，大多数大学生都认为个人要想得到全面发展，充分彰显自我价值，应当加强自律意识与能力，提高自我的道德素质与综合素养。

三　自律行为总体尚好

著名教育家德怀特·艾伦强调，教育的核心目标包含两项：首先是帮助学生提升智力水平，其次是帮助学生成为一个有道德修养高尚之人。[①] 对大学生来说，不但应当具备扎实的学识，努力完善自我，提升自我，还要以正确的价值观念来指导行为。若仅有深厚的学识，却没有正确的价值观作为引导，那么学生很容易受到不良价值观的冲击，他们掌握的科学知识也会变成报复社会的重要武器。所以高校在实施德育时，需要帮助学生树立正确的价值观，指引其自主地作出和道德准则相契合的选择。根据调研结论可知，中国在道德教育方面获得的成果颇为丰富。整体而言，高校学生的自律性认识还是非常深刻的，大部分学生能够明辨是非对错。学会趋善避恶。68.64%的大学生认为大学的主要目的是学习；在谈及“您在独处的情形下，是否会严格遵从社会道德准则对个人行为实施规制”这个问题的时候，认为“需要严格遵从道德准则规制个人行为”的学生占比达到了

---

① ［美］德怀特·艾伦、任中棠、卢瑞玲等：《高等教育的新基石》，《求是学刊》2005年第3期。

76.54%；表示“在独处的情形下能够放松自我，无须遵从道德规则严格规制个人行为”的大学生占比只有12.37%，这意味着大多数学生拥有非常好的自律意识，在没有他人监督的条件下，依旧严于律己，自觉践行社会道德准则；表示“以不合理的手段获取奖学金的行为违背了公平原则，应当对此严厉打击”的大学生占比达到了46.59%。由此可见，大学生对于造假行为的认识更加清晰，道德判断也不再是非黑即白两极区分，而在认可主流观念前提下直面道德灰色地带。毋庸置疑的是，在其他维度实施价值决策过程中，大多数学生趋向于务实化。在该群体之内，实干家越来越多，很多学生对公共事务的参与性很高。他们还以不悖于道义为前提，关注社会现实，期望能够掌握到更多的实用技巧，提高自我的实践操作能力，为今后的发展需求提供正确的选择方向。

第三节　当代大学生自律行为养成存在的问题

为了给当代大学生创造一个良好的生活和学习环境，我国每年投入了大量人力、物力和财力，以培养社会优秀人才，为人民服务。不可否认，大学生是知识分子群体中的重要组成部分，能够将先进知识理论内化为现实生产力，从而促进国家的发展和社会的进步。全球化与信息化的不断发展，打破了中国过去的社会结构，使中国逐步由封闭向开放转变。开放环境中多元价值观的沟通与融合，使得大学生群体作出自由的价值抉择具有现实的可能性。大学生脱离了传统封闭化的环境束缚，不再一味地屈服于社会权威，而是主张独立自主。在该背景下，大学生群体充分彰显出时代新人的精神面貌，道德品质有了较大的提高。不过在此过程中，大学生也暴露出诸多问题，比如受到国外不良思想的侵袭、持有错误的价值观等。有的大学生在学习、网络、道德以及法纪等方面存在的问题，影响了当代大学生自律行为的养成。在我国思想道德建设不断深入的背景下，对大学生自律行为进行严格教育已成为全国各高校共同关心的话题。通过问卷调查可知，当代大学生自律行为养成还存在一些问题。针对这些问题，下面作出较为客观、理性的分析。

一　自律行为养成主体意识不强

目前，大学生自律行为养成还存在主体功能不足的问题，主要表现在以下两个方面：

一是高校在大学生自律行为养成的组织机构建设方面有待健全。错综复杂的教育环境对大学生自律行为养成工作造成了诸多冲击，高校自律行为养成教育工作中显然存在重视不够、组织分散等问题。通过研究发现，目前，高校尚存在自律行为养成教育活动的组织机构不完善等问题，部分学校虽设有专人对大学生思想道德教育进行监督，但是还没有形成院校二级管理体系，仅有一些高校设有专门的自律行为养成教育活动管理部门，并制定了相关教育教学内容，而多数学校自律行为养成教育还仅仅局限在口头关注上，缺乏具体措施和方法。建立组织机构是组织管理职能得以发挥的一个重要途径，教学活动需要协调与组织参与其中的多种因素才能达到预期教学效果。在大学生自律行为养成方面，由于学校层面组织机构缺失，自律行为养成教育成效将难以得到保障，缺少有效合作、监督与约束。

二是高校教师在大学生自律行为养成方面的主导作用薄弱。从教育工作者的角度来看，大学辅导员、思政教师等一些教育工作者是重要的教育主体，扮演着教育组织主体、执行主体的角色，在教学过程中发挥主导功能。进入微时代之后，人与人之间的交际方式更多元，各类信息资源呈现出爆炸式增长趋势。在这些要素的影响下，传统大学教育工作者的权威性受到了巨大冲击。比如，在微信平台、微博平台充斥着大量的信息资源，不管是教育工作者还是学生群体，都享有同等的机会获得各项信息资源。这种情形下，教育工作者对自律行为养成信息资源的获取不再占据主导权。在规范大学生自律行为养成教育过程中，传统“传—受”的教育方式已经不再有效，由此造成了教育者对于大学生自律行为控制弱化的结果。在信息搜集和加工、新媒体运用等方面，教育者权威同样面临挑战。在微时代对大学生自律行为进行养成教育时，教育者和受教育者之间的互动过程呈现出虚拟性和交互性特征。与以往的思政教育对比可知，自律行为产生的互动过程具有显著的虚拟性特点，这使得教育工作者所处的主体位置明显削弱。从信息获得、传输等层面来说，教育者和受教育者的机会是平等的。新媒体环境中信息资源获取机会是人人平等的，所以造成教育工作者无法通过“信息过滤”的手段对学生群体实施“纯粹”思政教育。教育者若不给予充分重视，仍然固守传统而无法跟上时代的步伐、发展的潮流，大学生自律行为养成的问题就会层出不穷。

三是大学生自律行为养成师资力量薄弱。教师直接承担教育工作，大学生自律行为养成教育师资力量薄弱或者专业性不强，必然在某种程度上影响大学生自律行为的培养成效。关于所在学校自律行为养成的师资力量调查结果显示，表示“有，但教师专业能力欠缺，信息素养较低”的学生占比达到了18.79%，表示“无专业教师从事自律行为养成教育等相关工作”的学生占比达到了10.61%。由此可知，被调查高校中存在没有或少有专业的自律行为养成教师，存在自律行为养成师资整体素质不高的问题。高校教师教学、科研压力大，而学校对自律行为养成专门教育培训的机会不多，导致教师难以及时掌握学术前沿情况，自律专业素养需要进一步提高。教师若缺乏较深刻的自律行为知识，且未接受过自律行为相关训练，则难以增强其对自律行为理论之解释力与引导力，而其教学状态亦可能影响学生。自律行为养成教育涉及多方面学科内容，既有马克思的自律思想，又有我国源远流长的“慎独”思想，同时包含国外“理性”“节制”等方面的内容。

这对讲授自律行为养成教育的教师是有很高要求的。根据研究发现，开展自律行为养成教育工作的教师，大多为马克思主义理论学科出身，明显不能适应当代大学生自律行为养成教学需要。大学生自律行为养成由马克思主义学院教师传授并无不妥之处，问题是任课教师有必要接受自律行为理论系统性训练，使其既能弥补认识的缺陷，又能让自律行为形成教育理论更具吸引力与影响力，实现理论化与系统化相统一。另外，学校学术环境对于教师专业发展影响较大，教师不应该只将自律行为当成知识点来对待，或者按照自身兴趣任意传授，而应形成一个学术共同体，并在优良的教学和科研环境中不断提高自律行为的专业素养，从而使教学收到较好的成效。以提高学校有关管理人员自律行为素养为目标，还需长效培养机制。若从事管理工作者均不注重自律行为教育，则难以在政策、机制体制等方面为自律行为养成教育提供倾斜与助力。只有紧紧围绕大学生发展成才需求，为大学生发展成才服务，才能为学生所喜爱，从而收到实实在在的效果，最终实现提高人才培养质量的根本宗旨。

二 自律行为养成教育理念滞后

随着我国思想道德建设不断推进和社会各界对于自律行为重视程度的不断提高，各高校对于大学生自律行为养成的投入不断增加。总的来看，还存在大学生自律行为养成导向性不强的问题。

一是大学生自律行为养成教育理念相对滞后。在大学生自律行为养成过程中，确定先进教育理念是第一要务，只有在树立符合时代特点教育观念的同时，充分尊重大学生自律行为养成教育特征的教育思想，才能稳步推动行为养成教育工作的开展，获得显著的教育成效。大学生自律行为养成的思路不仅不能脱离我国目前思想政治建设实际，还须更加准确地理解当代大学生发展与成才，以此树立符合时代特色，适合大学生自身特点，培养自律行为的教育教学理念。在大学生自律行为养成教育的实践过程中，教育理念滞后使大学生自律行为养成在教育主张、教育目的及教育要求上未能与时代发展及社会需要结合起来。当代大学生自主意识十分强烈，他们不仅有极强的求知欲望，同时对于自身素质与能力的培养都有较高需求。但是，现有的教育体系对大学生自律行为的养成教育注重对知识的传授，忽视对学生素质与能力提高的要求。大学生自律行为养成教育不同于一般传统教育，其“教”应该始终以学生的“学”为主线，把大学生自律行为养成教育内容同时代发展，社会需要和学生兴趣相联系。

二是大学生自律行为养成目标定位不清晰。教育目标作为教学活动的出发点和归宿，具有指向性、引导性和生成性等特征，能够对教育模式内容的设定给予清晰的导向。在开展教育教学工作过程中，教育目标导向不一致，目标异化于实际教育内容，从而形成知识本位、社会本位、人本位三种不同价值取向，并由此影响大学生对自律行为养成教育的接受程度。尽管国家还没有出台相应的政策文件，也没有统一适用的自律行为养成教育引导规范，但是从教育目标上看，把学生培养成为“自律、自爱、自信、自砺”的“四自”人才应该是大学生自律行为养成教育的总体目标。当前，多数高校对大学生进行自律行为养成教育仅仅是思想政治理论课教学中的一个环节，尚未形成比较清晰明确的自律行为养成教育观。

三是大学生自律行为养成认知呈现“明确与模糊并存”。大学生对自律行为养成的认识存在“清晰和模糊共存”现象，这在很大程度上是由于大学生自律行为养成教育定位不准确造成的，致使课程内容体系不统一，没有从总体上建构完整、科学、合理的培养方案。从某种程度上看，当代大学生具备了一定的自律认知、自律意识与自律能力，但仅仅是局部与分散的，还没有形成一个系统整体的自律行为体系。总体自律行为形成应在知、态、意、德、情、价值观、审美观、责任感、意志力与行动力等方面综合表现为自我主体意识。目前，同学们对于自律文明的理解一般都处于“觉得非常重要”的状态，但“自律”究竟是什么并不清楚。尽管大学生从感性层面上理解了生活常识，但是他们对自律和经济、政治、社会、文化等各方面的联系缺乏较深入的理解。导致当代大学生自律行为意识出现“清晰和模糊共存”现象的主要原因不仅来自学校自律知识素养、自律意识素养以及自律能力素养教育薄弱，更重要的是来自学生对于自律意识的理解与认知程度不足。

三　自律行为养成环境有待优化

大学生自律行为养成在高校思想政治道德建设中具有重要意义。在信息化时代变革的背景下，人们生产生活方式、心理结构和价值观念各方面都发生了不同程度的变化，大学生自律行为养成教育工作所面临的情况错综复杂。在这一时代背景下，当代大学生一般都具有鲜明的个性化和主体意识。就国家战略与重大需求而言，若自律行为养成教育不能紧紧围绕当代大学生成长需求与学生个性特征开展，单纯依赖学校教育，将难以使大学生达成普遍共识，难以深入理解。若理论学习只囿于书本而无法与生活实际和社会实践相结合，则难以让学生对自律行为的形成产生认知上的共鸣和情感上的认同。

大学生自律行为养成教育应是一项全民参与的活动，政府、学校、企业包括每一个家庭，都应形成广泛的共识，共同推动大学生自律行为养成教育的广泛开展。通过调查显示，父母对自律行为养成教育的影响占48.33%。但是，目前，在大学生自律行为养成方面，普遍存在家庭教育缺失的问题。同时，通过问卷调查发现，网络媒体的影响占66.29%，通过开展实践进行自律行为养成占56.21%。由此可知，大学生自律行为养成不仅与自身和学校有关，也与家庭及社会环境密切相关。通常情况下高校是某一区域或者某一城市文化的中心，某一区域或者某个城市有没有文化或者文化品位高低往往和该区域或者该城市高校文化辐射能力密切相关。同样的，在一个区域或者一个城市中，文化氛围对学校也有影响作用。大学生自律行为养成的成效不仅取决于学校自律行为养成教育质量的高低，而且关系到全社会整体育人环境的优劣。大学生自律行为的养成是一个系统工程，其成效的获得离不开社会大环境和社会资源整合与利用的支撑，唯有社会各方面共同努力才能形成合作关系，对自律行为养成教育提供强有力的支持与帮助。

整体而言，高校若想为国家培育一大批优质的建设主力军，就应当对大学的思政教育工作作出优化，提供强有力的支持与保障，强化大学生自律行为的养成。高校大学生自律行为养成经过多年的发展，获得的成效颇为显著，而其中暴露出的问题也应当引起高度关注。因为大学生的“三观”并未成形，道德意识较为薄弱，所以为达到现代社会“无人不微”“无时不微”的这种实际要求，应该大力加强与完善高校大学生自律行为的培育。鉴于目前我国高校大学生自律行为养成在主体建设、内容建设、教学方法、制度体系以及教育环境上存在的问题，我们需要进一步探讨其中的改进策略和应对办法。

四　自律行为养成效果有待提升

就目前高校开展大学生自律行为养成教育现状而言，大部分高校都比较注重专业知识方面的训练。但是，对学生整体自律意识培养、综合素质提高等问题却缺乏重视，致使实际教育活动对自律行为的养成教育流于空泛，难以取得高效教学效果。

首先，大学生自律行为养成教育内容的时代性不够突出。教学内容是对象的具体化，而对象又要求内容具有载体。大学生对自律行为养成内容选择或者更新的好坏，会直接关系到自律行为养成效果能否得到落实。从有关调查情况来看，大学生自律行为养成的内容及其更新都存在一些有待完善的地方。目前，大学生自律行为养成教育主要包括国家政策解读和道德法律知识、观念的传播，而从社会发展现实看，大学生自律行为养成教育内容与国际国内形势、政治、经济、社会和文化诸因素结合不够紧密，时代感不够强烈，缺少一个系统的培养自律行为的教育体制。虽然高校思想政治理论课当年修订版教材已于当年秋季学期投入使用，但其中涉及自律行为养成教育的内容仍是穿插于其他理论中，尚未形成覆盖自律价值、自律理论、自律实践的系统性内容体系。在大学生自律行为养成教育过程中开展教学活动，是高素质人才培养的根本途径。在大学生自律行为的养成教育中，教师为实施教育之主体，而学生则为学习与自我学习之主体。缺少系统的自律行为养成教育体系则难以把自律行为各组成部分有机联系在一起，容易分割自律行为形成的教育内容。所以，大学思想政治教育工作者除了要高度聚焦于大学生群体自律行为养成内容科学性与正向性以外，还要考虑其新颖性、趣味性，吸引力。不仅需要创建一个官方的宣传教育微平台来营造具有影响力、吸引力的微阵地，还需要自觉借助微博、微信等新媒体，通过原创或者转发有助于大学生对德育内容形成深刻的认知与理解，加强自我的是非辨别能力。

其次，大学生自律行为养成教育方法需要进一步改进和完善。教育内容能否有效实现，关键在于教育方法是否科学恰当。思想道德教育方法既是实现其内容的工具，也是达到其目的的要素。大学生自律行为养成方式一方面是思政教育工作实施的重要前提条件，另一方面是加强受教育者道德修养和自律意识的必要手段。基于问卷调查，现阶段，大部分高校对学生自律行为养成方式展开细致的摸索与研究，进行系统化的实践应用。在此过程中，方式不够多元、应用成效不尽如人意等问题逐渐暴露出来。当前自律行为养成教育的教学方法主要为课堂讲授。问卷调查显示，20.45%的被调查者认为高校实施自律行为养成教育工作时“主要是进行理论讲解”。表示

“这种教育乏味无聊，缺少趣味性”的学生占比达到了15.36%。一直以来，传统德育应用的核心方式在于理论讲解。这种模式的优势是能够充分彰显出教师的主导功能，劣势在于难以激发学生的学习兴趣，导致教学实效性不佳。受教学学时所限，大学生自律行为养成教育课堂中教师多是讲自律行为养成基础知识，较少开展案例讨论和社会热点讨论。在教学过程中，缺少与自律行为有关的师生互动，但学生正好对此兴趣浓厚。因为学生的教育需要无法得到满足，他们对自律行为养成教育满意度呈现下降趋势。特别是在目前网络化、信息化时代高度发达的情况下，大学生自律行为进行养成教育的方式也应该结合网络化与新媒体各自的特征，不断地创新教学方法，否则很难引起学生的赞同与共鸣，也难以满足学生较高认知层次的需要。当前，微博和微信等新媒体中的大量信息给教育者进行自律行为养成带来了丰富的资源。交互平等的传播方式在微博、微信等媒体上具有固有的优势，其快捷性与实效性大大拓展了学生群体获取信息的渠道。在网络世界，信息的传输十分快速，信息获得机会是公平的，所有的个体均可以对各类信息进行共享，具备可选择性特征的自律行为养成的内容或者资源理应使自律行为养成过程更具亲和力、吸引力。调查发现，66.29%的大学生表示网络等媒体最能接受自律行为养成方式。进入微时代之后，部分大学对学生实施道德教育时并未树立民主观念，高度关注共性，忽视个性，未对学生的学习主体性给予更多重视，未实施有效的互动与沟通，导致传统思政教育模式无法发挥显著的应用成效，难以追随社会的发展潮流，呈现出滞后性特征，这必然会削弱学生群体的学习兴趣。所以，未来应当对大学生自律行为养成教育这一载体进行进一步完善与发展，通过各种载体形式对自律行为这一理论展开更好的宣传与普及，在更大范围内对自律行为养成理念进行广泛传播。

第四节　当代大学生自律行为养成问题存在的原因

大量的实践经验证实，当代大学生已经掌握了诸多能力，比如实践、管理、操作、学习、交际、创新、自控等，这些能力对大学生的成长成才起决定性作用。除此以外，自律能力作为一项内在能力，对大学生的发展同样产生深刻影响，这项能力的强弱决定了学生目前的学业水平与今后的事业能力。所以培育大学生的自律行为对其获得成功大有裨益。但是笔者通过调研了解到，现阶段大学生自律行为养成还存在诸多问题，影响当代大学生的全面发展。调研结论显示，和大学生自律行为养成息息相关的影响因素十分多元，它是个人因素、家庭因素、高校因素及社会因素共同作用的结果。

一　学校因素

大学是教育的核心阵地，对当代大学生自律行为养成产生的影响不容小觑。进入大学之后，大学生能够体验到丰富有趣的校园生活，和诸多良师益友共同做伴。通过学校提供的各项基础设施，大学生可以有一个良好的学习环境，积极进取，自觉主动地实现人生目标。由此可知，高校在当代大学生自律行为养成中发挥了主导作用。一些研究者认为："教育的核心目的在于达到真、善、美的协调统一"，"推动人的智力、审美、道德、身体等维度实现协同发展。"① 因为应试教育的约束，现阶段大部分学校对智育给予高度关注，对德育关注度并不高，德育较为落后，造成学生高分低能问题层出不穷，道德失范状况频发。因此，高校引导作用不够突出是影响当代大学生自律行为养成的关键因素。

① 李志红：《公民思想道德素质研究》，郑州大学出版社2005年版，第169页。

（一）教师理念与认知滞后

在大学生自律行为养成教育实践活动中，高校思想政治教育者是设计者、组织者与实施者，他们在这一过程中发挥着举足轻重的作用，教育者则是对大学生自律行为养成效果产生影响的一个关键因素。在高校中，大学生自律行为养成不仅是一种单向的“灌输”，更是一种有丰富内容的教育实践，教育者对自律重要性的理解，是影响教育成效的一个关键因素，其对教育内容的筛选、教育方法与方式的选择，都会受到教育者直接或间接的影响，从而对大学生自律行为养成产生重大影响。

首先，教育工作者是否对自律行为的价值与意义形成了深刻的认知和大学生自律行为养成教育成效息息相关。在人类社会的各个领域，个体都需要保持自律。特别是在政治领域、文化领域、经济领域，自律是决定个体事业兴衰成败的关键要素。大学生自律行为养成，不仅是一项关键的教育任务，还是素质教育不容或缺的一项内容。如今社会高度繁荣，对人才的要求越来越高，对大学生的要求也越来越高。他们一方面应当具备丰富的学识、专业的能力，另一方面应当具有良好的互动沟通技能、团队协作能力、自律意识与自律行为。高校要想提升大学生的社会适应性，就必须对他们进行自律教育。[①] 自律行为的养成教育可以促使大学生形成和睦融洽的人际关系，强化他们的适应能力，消除以自我为中心的不良思想，有效地化解各类矛盾与争端等。教育工作者应当对大学生自律行为养成教育给予高度关注，帮助大学生群体深刻地认知、理解个体和国家、社会、集体之间的关系，充分调动大学生的责任履行意识与爱国主义情感。这既是思政教育的核心内容，又是中国高等教育的终极目的。教育工作者对自律行为养成重

---

① 凌云志：《高校如何建构以社会适应性为导向的人才培养体系》，《中国高等教育》2016 年第 11 期。

大价值与意义的深刻认知，和其设定教育内容、选取教育手段之间具有密不可分的关系，和自律行为养成教育成效关联甚密。

其次，教育工作者怎样对教学工作进行统筹协调、组织开展，和大学生自律行为养成教育成效之间也具有密切的关系。自律养成教育，要求教育工作者在对课堂教学工作进行系统化的组织协调之后，能够将抽象化的自律行为含义具象化为相关知识，从而影响学生的内心世界。大学教育应该将知识的学习与自律行为养成有机地结合起来，从而加强学生的自律行为。在课堂上，教师要对教学内容和教学方法进行细致的设计，为学生提供一个可以进行自律学习的好机会。在课堂教学中，重点是对大学生的自我约束能力进行培养，使师生之间的互动得到强化，从而推动他们的教学与学习，并保持一种可以信赖的师生关系。教师能否对课堂进行有效的组织，并将其作为一个核心，对学生的实际需要和发展要求进行充分重视，并积极构建一种与学生之间的互动合作的新型师生关系，这些都是大学生自律行为养成核心影响因素。

在实践领域，高校在开展道德教育活动时并不关注学生的主体性地位与真实需求，导致大学生自律行为养成受到巨大的约束。并且在诸多不利因素的干扰下，高校的德育呈现出显著的功利性特征，教育初心逐渐偏离正常轨道，导致大学生群体的自律意识明显削弱。

其一，高校并未高度关注大学生自律行为养成教育。很多高校开展的管理工作通常是通过规范性制度来约束大学生的行为，忽视了自律的存在，并未充分发挥自律的自我约束作用，缺乏引导大学生进行自我管理的措施。在思想政治教育工作方面，高校常常只在问题出现后探寻问题解决方案，并非提前制定应急预案，预测未来会出现的各类问题，无法达到提前防范、解决问题的双重目的。此外，学生管理工作与教育活动处于相互脱离的状态，大大阻碍了大学生自律行为养成培育和道德行为的塑造。因此，高校应当将学生管理与教育有机结合，教师也应注重学生的道德行为，在教育实践中积累丰富经验，从而更好地促进大学生的自律行为养成。

其二，高校为学生营造了轻松的学习氛围，这对大学生自律行为养成教育产生了一些不良影响。就教育环境层面而言，大学生群体步入大学阶段之后，远离高中时期过于严苛的学习环境，面临的环境相对宽松。高中通常采用封闭化的管理模式，学校的管理非常严苛，教师也会和父母进行积极交流，这些因素对学生行为具有显著的制约效应，有利于学生形成遵纪守法的习惯。即使有错误的行为，大多数教师也会及时纠正。相比之下，大学的管理模式较为宽松，广大师生的交流并不多，学生行为很少受到约束，以自律为主。对于这种轻松的校园环境，自律意识非常强的学生具备良好的适用性，可以迅速地成长成才；反之自律意识较弱的学生会依赖学校和教师的管理，其自我控制能力不强，容易实施违规行为。倘若长期处于相对宽松的环境中，学生的自律能力会不断弱化。所以，轻松自由的校园环境对大学生自律行为养成教育在一定程度上形成了明显的阻力，需要通过加强学生自我管理和培养其自律能力来弥补这一缺陷。

其三，教育过程中学生主体性未充分发挥。基于调研可知，很多学校在大学生自律行为养成教育过程中，对学生的主体性缺少高度重视，导致教育成效不尽如人意。究其成因，是这种养成教育是自律式教育，不是他律式教育。他律式教育本质上仅仅是辅助方式而已，唯有使大学生群体对自律的重大价值与意义形成深刻的认知与理解，才能在心理上认同自律、接纳自律，自觉地对自我行为实施控制。一直以来，教师在开展教育工作时，未广泛聚焦于学生的主体性，一味进行强制性的知识灌输，把自律视作理论知识，机械化地传输给学生，未能对这些理论知识是否可以在学生的实践行动里被践行到位给予高度关注。传统教育呈现出显著的机械化特征，充满形式主义，仅仅把学生视作知识的被动接受者，并未赋予学生自由选择的权利。在实施养成教育时，大学生的情感需求十分多元。如果这种需求无法得到满足，必然会阻碍自律行为养成教育。在完成教学任务时，教师并不关注学生的实际需求，对大学生群体的情感态度、接受程度缺少深刻的认知与理解，只是强制性地对学生进行理论知识的灌输。在这种教育模式下，很难使大学生真正地认同自律、接纳自律。以外部强制性的驱动力对该群体的行为实施规制，这明显偏离了养成教育的实质，无法彰显出学生的主体性地位，容易导致他们的主体意识被严重弱化。在实施养成教育时，学生主体意识明显增强，而教育工作者却并不关注学生们的主体性，二者之间的矛盾早已不可调和，倘若依旧无法化解该矛盾，必然会影响养成教育的成效。

（二）教育模式与方法单一

首先，竞争性文化潜移默化地影响了高校的教育思想。一直以来，很多高校秉承着竞争的教育思想，并不关注大学生群体自律行为养成教育，部分学生对自律行为缺少深刻的认知与理解。这些问题对教育工作的开展而言是十分棘手的问题。高校在实施教育过程中，面临一定的竞争，这一点毋庸置疑。竞争对高校教育作用巨大。通过构建优胜劣汰的竞争体制，有利于调动学生的主观能动性。但是倘若过度关注竞争，容易造成学生出现个人主义，责任心淡薄，自律意识较弱，这对学生的茁壮成长是极为不利的。因为竞争性文化在无形中渗透到学校的教育环境中，所以很多学校设定的教育内容核心在于提升学生的学业水平、提高升学率等，并不重视大学生群体的情感与发展需求。传统竞争教育思想使得自律行为的养成空间被明显挤压。在竞争激烈的教育环境下，很多大学生付出了沉重的代价来稳固自身的竞争地位。过度竞争容易造成人际关系高度紧张，导致学生间需要不断竞争，并非通力协作、互帮互助。在这种校园环境下，很多学生缺少团队协作、相互体谅的意识，道德素养低下，缺少正确的道德观作为导向，阻碍了大学生的全面发展。在深层次教学评价的影响下，现阶段很多高校对教育成果实施考评时，采用的手段以成绩考评为主。唯分数、唯成绩的教育思想根深蒂固，这导致大学生无法对竞合关系进行统筹协调。一些学生产生了扭曲的竞争心理，对知识隐藏的功利给予高度重视，比如先进评比等，表现出显著的功利化思想特征。部分学生还出现了明显的心理问题，比如过度焦虑、消极自负等。

其次，很多高校采用的教学方式主要体现为课堂讲解，并未将知识和现实生活高度融合起来，导致大学生自律行为养成成效不尽如人意。这种依靠课堂单向灌输知识的方式进行自律行为养成教育，很难从源头上扭转将知识传输作为教育终极目的的局面。毋庸置疑的是，大学生自律行为的养成要求他们掌握扎实的理论知识。倘若把这种养成教育限制在强制性灌输理论知识的维度上，把它视作“知识传授教育”，则容易导致承载生活价值的教育实践逐渐沦为强制性的知识传授。对学生的情感需求、发展需求严重忽略，最终使得大学生群体的自律意识越发淡薄。对大学生实施自律行为养成教育，一方面包含给学生传授专业的理论知识，另一方面包含强化他们的是非判别、自我反省、合作认知、适应社会等诸多能力。这种养成教育具有一定的内隐性意义，具体体现为在实施自律行为养成教育过程中，强化学生的合作意识，培育满足时代需求、互帮互助、通力协作、有担当的社会主义建设主力军。现阶段，很多大学在实施自律行为养成教育时，采取了课堂教授的形式。通过把自律行为养成教育的实质内容内化为相关的理论知识，从而对学生予以传输，对现实生活的延伸缺失。这种情形下，学生很难自觉地把课堂中掌握的理论知识、形成的价值认知和实际生活场景高度融合。对客观生活世界进行延伸，是学校实施自律行为养成教育的重要手段之一。倘若学生只是一味地接受理论知识的传输，未能将现实生活作为载体，将这些知识转化成一种生活实践，知识转化的热情度不高，则容易导致自律行为养成教育成效不尽如人意。目前，国际上各类主流思想开始逐渐渗透、融合与碰撞，在这种背景下，当代大学生的意识形态、价值理念、行为模式很容易受到影响。倘若学校教育未能贴近实际生活，未对大学生群体的情感与发展需求给予充分考量，为学生提供正确的价值引导，只是强制性地传授理论知识，则必然会造成学校教育无法对学生形成吸引力。

最后，高校教育缺少对生活的延伸，容易导致源自现实生活的理论知识脱离生活，逐渐沦为抽象化的规范与教条，导致学生掌握的理论知识和现实生活相脱节，很难被密切联系起来。比如合作学习，主要采取异质小组的学习形式。在小组之中，组员的个体差别还是相当显著的。通常来说，学习优秀的学生会被选为模范代表来展示学习成果，但是学业水平较低的学生缺少机遇展现自我。长期如此，很容易削弱这些学生自觉参加合作学习的兴趣。合作学习不仅是教学模式之一，它也是观念与技术方面的一种革新。大部分情况下，学生的合作学习过程充满主观随意性，会导致这种学习沦为形式主义。同时合作学习对集体评价给予高度关注，一般采取小组合作的形式实施集体汇报，这会使得一些组员缺乏展现自我的机会，产生消极懈怠的合作心理，引发平均主义问题。这类评价形式具有显著的集体无差异特点，无法将合作学习过程中做出突出贡献和贡献不大的学生区分开来，造成“搭便车”的行为层出不穷，导致学习主体的参与兴趣严重下滑，使得一些学生产生了坐收渔翁之利的想法，合作学习成效不尽如人意。大部分学生可以对自律行为在推动个人、集体、社会发展方面的积极作用形成深刻的认知，而在作出抉择时，更倾向于维护个人私利。和合作认知相对比，合作行为的发展表现得较为落后，产生了严重的“知行不一”问题。

（三）教育内容较为陈旧

思政教育的核心内容在于考虑国家的基本国情、社会发展需求、当前的教育现状、受教育者的认知水平之后，有规划地对学生传输思政教育信息。这些教育内容应当具备显著的价值引导性，可以将受教育者思维认知维度上的价值追求真正地彰显出来，充分反馈思政教育的核心目的。大学生自律行为养成教育的终极任务在于帮助大学生群体形成正确的价值观念，把自身价值的凸显和国家发展高度融合，充分调动大学生的合作自觉性，加强他们的合作能力与自律意识。教育内容的选取和养成教育成效息息相关，自律行为养成教育应当借助知识这一媒介，由教育工作者把抽象化的教学内容传递给学生，加强学生的合作技能，使之形成正确的自律行为。

第一，教育内容是否可以将自律行为的实质含义精准地呈现出来，和大学生自律行为养成教育息息相关，是不容或缺的影响因素。大学生在认识和解读自律行为含义时，是将内容作为前提的。而教育内容又将知识作为重要媒介，以知识的形式把自律行为背后隐藏的抽象化内容向学生进行展示，指引学生对自律行为的影响因素、价值含义进行解读，对自律行为动因、自律意识、自律认知、自律能力所存在的逻辑关系进行系统化挖掘，帮助他们从理论知识的维度切入，对自律行为实质特征进行把握，从而加强他们的合作认知能力，为自律行为养成教育提供有力的理论保障。

第二，大学生自律行为培养成效和教育内容建构时代性特点息息相关。教育内容是养成教育实践的重要基础，其可以充分地彰显出时代的特点。随着时代的演进，教育内容应当与时俱进，顺应时代潮流，和现实生活相贴近。在如今的教育局势之下，高校对受教育者思维理念、行为模式的发展变动特征予以分析，揭露其中存在的客观规律时，需要对受教育者的实际需求给予充分考量，真正地彰显出教育实践的内在力量。目前全球经济一体化已成为大势所趋，倘若未能考虑到全球发展局势的变动与受教育者的发展特征，及时优化与改进教育内容，紧随时代的发展潮流，广泛吸收各项新理念、新知识，教育内容就会脱离社会实际，未能反映出受教育者的思维理念、行为模式、发展特征，那么就会造成受教育者对教育内容具有排斥心理，这会对大学生自律行为养成教育形成巨大的阻力。

第三，教学内容的展示方式和大学生自律行为培养成效关联甚密。大学对于受教育者实施自律行为养成教育时，不管是教育模式还是教育内容，均设定得不够科学、合理、恰当。特别是教育内容较为单一，和现实生活相脱离，难以得到教育对象的高度认同，无法稳步推进自律行为养成教育活动。同时教育模式较为落后，内容传播渠道较为狭隘，教育活动充满形式主义。倘若教师一味地因循守旧实施教育，那么既难以将理论知识讲授和实践活动高度融合，又在很大程度上降低了教学工作的实效性。教育传播模式教育性欠缺，难以全方位、系统化地对教育对象传播自律意识的重大价值、意义，导致自律行为养成教育无法达到预期成效。

二　社会因素

高校对大学生进行自律行为养成教育过程中，需要考虑到社会要素的影响。在社会主流意识形态、网络文化等因素的影响下，大学生道德价值观具有显著的多元化特征。在现代社会，大学生面临错综复杂的利益关系，再加上互联网的大范围普及，其接触社会的机会明显增加。如果社会大环境是明辨善恶的，则大学生在无形中会受到影响，从而具备正确的道德情感与认知，拥有良好的道德意志，可以自主地将自律意识转化成一种自律行为。如果社会大环境是善恶不分的，则可能会造成在大学生作出道德抉择时面临巨大的挑战，道德价值观念很容易受到侵蚀和冲击，产生不正确的道德认知，引发道德失范问题。这意味着社会环境对大学生思维理念、行为模式产生深远影响。这是因为大学生群体价值观尚未成形，自律意识不强，所以极易在无形中为社会环境所影响。

（一）社会不良风气冲击

在当代社会，总体发展态势趋于向好，不过依旧具有诸多不利因素对大学生群体的思想行为产生负面影响。特别是不良社会风气，容易使大学生的价值观受到侵蚀和冲击，道德素质低下，实施道德失范行为。从学校的角度来说，这些不良风气也会干扰高校的教育工作，导致社会教育和高校教育路径相反，处于相脱离的状态，难以达到密切对接。高校对学生实施教育时，采取了正面教育的形式，目的在于帮助学生形成高尚的道德品质，实现全面发展。但是这些不良风气对教育工作的开展形成了巨大阻力。如果学校和社会教育全面脱节，则大学生对于学校教育会缺少正确认知，认为它和个人接触的社会教育存在显著差异。这种情形下，大学生容易对学校教育出现抵制心理，在无形中受到不良影响，最终阻碍学生的发展进程。

此外，在社会主义市场经济发展背景下，社会实现了高度繁荣，人们的生活质量明显提高，物质需求得以实现，所以公众对精神需求给予了巨大关注。每个人均是独立存在的，能够自由地作出抉择，对个人的言谈举止进行主导。每个人都身处社会中，所以自身行为应当和社会规则完全契合。但是在社会中，很多个体并不关注其作为社会人的属性，秉承的价值理念十分滞后，脱离了现实社会，无法适应社会的发展需求，道德自律意识薄弱，因此导致一些不利的社会风尚出现，比如享乐主义、个人主义、利己主义等，大学生的主流价值观面临巨大冲击。特别是在道德行为抉择方面，产生了严重的道德失范行为问题。在这些不利因素的干扰下，一些学生作道德抉择时过于迷茫，在公共利益和私人利益之间徘徊不定，在无法对个人欲望进行约束的情形下，可能会实施利己行为，误入歧途，这对大学生自律行为的养成造成了不良影响。

（二）网络不良信息侵蚀

网络环境对大学生群体自律意识的培育产生了不利影响。在崭新的历史时代，大学生的思维理念、行为模式彰显着显著的时代特征。在网络得到广泛应用之后，公众的生活模式发生了巨大变化，网络对公众生活的方方面面均产生了深远影响。大学生在发展过程中，也潜移默化地被互联网影响。比如可通过互联网进行线上阅读、线上交友等。虽然互联网为大学生提供了方便，但是对大学生的思想行为也产生了显著影响，长期以来，人们应用的交际方式面临着巨大的颠覆，以虚拟空间为载体的交际模式逐渐诞生。虽然在这种虚拟空间之内，大学生群体强大的交际能力逐渐地彰显出来，但是由于缺乏实际场景进行沟通互动，这使得部分大学生产生了交际障碍问题，滋生了寂寞感，这对其自律意识的培育形成了一定阻力。

首先，网络虚拟社区的形成，使得“自律道德”明显削弱。[①] 自律道德的内涵指的是在公众作出道德行为抉择过程中，个人主观价值标准对此起到了决定性作用，并非客观的社会规范。道德判别存在显著的主观性特征，它是衡量道德水平是否成熟的核心标准。在互联网世界，人们就如同身处虚拟化的社会一样。虚拟网络与现实社会处于相脱离的状态下，容易使得个体的意识与人格相脱离，削弱大学生群体的自律意识，使他们的主观价值标准变得含混不清，道德自律行为难以自我控制。同时网络交际表现出显著的隐蔽性与开放性特征，网络用户的职务、角色、性别、年龄等很容易隐藏。社会各界对网络用户进行外部监督时，难度系数极高，社会道德准则难以对网络用户形成巨大制约。这种情形下，大学生道德观念淡薄，法律意识不强，一言一行充满过多的主观随意性，最终引发了道德失范问题。另外，网络社会具备一定的非人性化与符号化特征，这在一定程度上会使大学生群体的道德主体观念明显削弱，变得麻木不仁，情感钝化，自控能力越来越差，道德意识淡薄，忽视个人的身份角色。在缺少外部监督的情形下，大学生群体实施的行为过于主观随意，甚至违背了法律法规与社会准则。部分大学生通过植入病毒的形式对他人的计算机系统

---

① 郑廷坤：《论道德自律及其培养途径》，《河南师范大学学报》（哲学社会科学版）2002 年第 3 期。

进行入侵，却以此为荣，不断炫耀。

其次，网络虚拟社区的存在，对“他律道德”的产生具有一定的约束性。① 他律道德的内涵为公众作出道德判别、实施行为决策过程中，社会价值标准对其起到决定性作用，是基于社会规范与社会权威的前提下形成的，表现出显著的强制性特征。社会是人类生存的依附载体，所以人们应当遵从社会规范。这意味着在人们实施的行为违背了社会规则、侵犯别人利益的情形下，人们通过做出理智的道德判别，对是否可以承载这些不良行为引发的后果系统化考量之后，从而对能否实施这些行为作出抉择。一直以来，高校在开展思政教育工作时，通常是以社会舆论与内心信念为依据作出道德评判。网络时代，因为道德监督不足，人们之间的交际关系以数字化和符号化的交流沟通为具体体现，个体实施的行为存在显著的隐秘性特征，能够实现对社会责任的逃脱。这意味着公众对于行为主体实施的道德失范行为难以应用有效的手段加以约束。人们在网络中实施的行为基本上不会受到他人的评价，就算得到了一些评价，这些评价的道德制约力相对来说并不强。这种情况下，道德行为的保障只是体现在行为主体自身的“道德感”。这造成现实社会的各项准则慢慢地丧失了有效性，从而对人们实施道德失范行为带来无限的可能。行为主体拥有大量的表达机会，能够随便对自我的行为进行无罪辩解。从大学生的角度来说，网络时代，其自由个性实现了充分释放，扮演的角色不单单是网络的参与者，同时还是网络的组织者，他们的身份角色表现出显著的隐蔽性特点。实施道德失范行为时，缺少有效的外部监管，这使得受到外部社会准则约束的“他律道德”难以真正产生。

综上所述，网络环境具有复杂化的特征，所以大学生群体思维理念、行为模式开始朝着独立和趋同这两极反方向共同发展。在虚拟化

---

① 李红霞：《大学生思想道德建设中的自律教育》，《高教研究》1997 年第 3 期。

的网络空间里，大学生既是“众声喧哗”群体里的一分子，同时还是孤寂不语的一个原子化个体。在互联网空间里，很多背对背的个体共同形成了一个完整的群体，该群体的实质为即时共同体。这些个体存在相同的兴趣喜好，对于网络中的一些焦点议题、核心事件会给予高度聚焦。作为一个即时共同体，在“意见领袖”的引导下，会对其思维理念、行为模式产生巨大的驱动力，促使大学生群体思维理念、行为模式趋向同质化。但是在互联网环境中，大学生群体还是独立的个体。在网络环境的影响下，他们的交际模式、自律行为均受到深远影响。尤其是微信、微博等平台载体出现之后，大学生从中享受到了诸多利好。而这些平台具备强大的游戏与娱乐功能，使得大量学生沉迷其中，对不良信息、八卦信息进行查看，对游戏过度迷恋，这对其自律行为的养成产生了不良影响。对互联网过度迷恋会造成大学生和现实社会完全脱节，处于自我封闭的状态下，实施道德失范行为。同时互联网中充斥着诸多不良信息，会麻痹大学生的思想，造成他们无法做出正确的价值判别与抉择，难以形成正确的自律观。

（三）西方文化的冲击

进入 21 世纪之后，全球经济一体化成为大势所趋，公众之间的交际关系越发亲密，很多人选择走出国门，全球诸多国家的文化开始进行交流、融合与碰撞，这使得一些大学生的思维理念潜移默化地受到西方文化的影响，对于西方文化高度认同，出现了崇洋媚外问题，且在无形中对其他人也产生了不利影响。在当代大学生自律行为养成过程中，需要考虑到西方文化的影响，这种影响体现为如下几点：第一，诸多西方文化强调个人主义和自由。这种价值观会导致人们更倾向于追求个人兴趣和快乐而忽略一些社会责任和义务，比如完成学业、参加社会公益活动等。这样会对大学生的自律行为形成一定的阻碍。其次，一些西方文化强调追求快乐、享乐和刺激。这种价值观会导致人们更倾向于追求即时的快乐和满足，而不愿意花费时间和精力去做一些长期的、困难的事情，比如完成学业、准备考试等。这种态度会阻碍大学生的自律行为养成。最后，一些西方文化追求自由被看作是一种重要的价值观。这种价值观会导致人们对任何形式的限制和规范都持怀疑态度，包括学校和家庭对大学生的自律要求。这种态度会让大学生觉得自己不需要自律，从而对自律行为养成教育产生负面影响。

由此可知，当代大学生群体的价值观尚未成形，极易受到西方文化的冲击与侵蚀，会造成大学生过度关注个性自由，对优秀传统文化与民族精神的学习严重忽略，将特立独行的自由个性片面化地视作个人具备的一项能力，价值观脱离正轨。这对大学生树立正确三观、实现茁壮成长、服务国家及人民、树立自律意识、加强自律能力产生了不良影响。

需要指出的是，这些趋势并不代表西方文化本身就是不好的或有害的，而是在某些情况下会对大学生的自律行为养成产生负面影响。另外，西方文化也包含很多强调自律、责任和良好行为的价值观和行为模式，这些会对大学生的自律行为养成产生积极影响。

三　家庭因素

当代大学生自律能力的强化很难一蹴而就，必须历经漫长的过程。家庭环境对大学生的影响颇为深远，潜移默化地会对他们的个性、心理、行为、思想等产生显著影响。因为家长对孩子拥有过高的期待，并且不了解子女的实际需求，加上家长示范作用不到位、家庭内部环境不和谐，导致家庭教育作用被忽视，影响了大学生自律行为的养成。

（一）家长示范作用不到位

在进行大学生自律行为培育时，不管是家庭、高校还是社会，均非独立存在的，它们之间具有密不可分、相辅相成、彼此推动的关系。学校教育是其中的重点，原因在于大学生的大部分时间是在学校度过的。社会教育与家庭教育则是有益的补充，只有将这三者高度融合，协同推进，才可以获得显著的大学生自律行为培育成效。

家庭教育是学生教育的开端，其承担着非常关键的教育使命。而当前的家庭教育明显缺失，就是源自一些家长没有发挥出良好行为榜样作用。例如，部分家长未能展示出积极的自我控制力、规律的生活习惯、健康的生活方式等。因此，孩子没有从家长身上学到如何自律。此外，部分家长未能为孩子提供足够的支持和鼓励。例如，家长没有在孩子需要帮助的时候提供支持和指导。因此，孩子会感到孤独和失落，缺乏信心和动力去自律。

在实施家庭教育过程中，家长的一言一行、精神品质、道德素养等对子女的品德具有非常重要的影响。但是部分学生父母对个人形象并不关注，造成子女的道德素养相对较差。并且在大部分家长看来，其对子女未来的发展道路具有主导权，只需依据个人的方法对子女进行教育即可，往往采取暴力或骂人的方式对孩子进行管教。这种自我意识强的教育方式，使孩子变得自我意识强烈、缺乏集体观念和集体荣誉感。特别是在独生子女家庭中，家长们长期地溺爱孩子，使孩子们形成了以自我为中心的行为方式，缺乏对他人的关注和照顾。在大学校园中，这种个人主义行为常常导致他们在集体活动中缺乏热情，难以融入集体。一些学生会出现价值认知缺失、价值观不当等诸多问题，最终使得他们的道德人格逐渐趋向扭曲。因此，家长应该加强自身的修养和行为举止，避免采取过激的教育方式，积极引导孩子形成正确的集体观念和价值观念，使其能够更好地适应集体生活。

当学生出现道德问题时，他们往往急于责怪教师或学校，却没有意识到问题的根源可能在于自己。同样，当家长发现孩子存在问题时，他们也不会仔细寻找问题的原因，而是简单地给孩子贴上标签或找借口，不肯承担自己的责任。这种逃避责任的行为不仅不能帮助孩子成长，还会进一步影响他们的自律意识和自律行为。事实上，家长的行为示范在很大程度上影响孩子的成长。如果家长逃避责任或者日常行为不规范，孩子也会效仿这种行为。因此，家长应该认真反思自己的行为，并尽力为孩子树立正确的行为模范。同时，也应该鼓励孩子自主思考、发现问题的源头，并采用切实可行的举措加以应对，如此一来，才可以强化大学生群体的自律意识与自律能力。

（二）家庭内部环境不和谐

大学生自律行为养成与家庭氛围有密切的关系。首先，家长给予与孩子需求之间存在矛盾。对多数家庭来说，家长希望为孩子提供很好的生活条件，所以选择外出务工，这造成家长并不了解孩子的实际需求，和孩子的心理距离渐行渐远。很多家长热衷于以金钱的形式对子女提供关怀，对子女真正的心理需求不够关注。从孩子的角度来说，因为缺乏家长的疼爱，并不理解家长的难处，所以容易出现心理扭曲问题，阻碍孩子的茁壮成长，同时对他们正确行为习惯的养成也是极为不利的。在诸多要素的干扰下，加上各个地区发展处于失衡状态，外来人员流动性非常强，大部分大学生幼时便是留守儿童，其缺乏家长的陪伴与疼爱、监管等，所以性格上存在一些明显的缺陷，非常孤独寂寞，行为主动性不强，有一些任性。学生的需求会随着年龄的增长逐渐发生变动。在儿童阶段，其主要需求在于得到家长的疼爱与陪同；在少年阶段，其主要需求在于得到家长的谅解和宽容；进入青年阶段，其三观开始逐渐定型，主要需求在于家长以身作则，实现自我的心理需求。因为这些孩子和父母相去甚远，很难获得家长的疼爱与陪伴，所以他们的自律行为养成受到了一些不良影响。其次，家长的期待和孩子的实际状况相差悬殊。进入现代社会之后，大学生对科学知识进行系统化的学习，既可以改变个人命运，又可以为社会发展做出突出的贡献。但是在现实社会，大部分家长过度重视孩子的考试成绩，依据成绩把孩子能力水平视为衡量孩子成才的指标，会理所应当地将孩子的成绩视作攀比工具。在儿童时期便要求子女参与诸多的课外培训活动，对孩子的未来职业发展路径进行统筹部署。家长对孩子的期待过高，和学生的实际状况并不匹配，可能会造成孩子精神高度紧张，产生逆反情绪，学习兴趣骤减，这在一定程度上会约束孩子综合素养的进一步提升，导致孩子的价值判别与行为抉择受到不良影响，阻碍大学生自律行为的养成。

大学生自律意识的缺失与社会教育、学校教育以及家庭教育密切相关。家庭教育是每个人在成长过程中接受的第一种教育形式，而学校教育和社会教育则逐渐占据主导地位。然而，这并不意味着家庭教育就可以忽略不计。许多学生在进入大学后，往往因为无法适应新的生活环境和人际关系而影响学习成绩。然而，这些学生却不愿向家长寻求帮助，而一些家长也认为孩子已经长大，不再需要过多关注。然而，如今社会的发展要求家庭教育也要发挥重要作用，与学校教育和社会教育共同为大学生提供一个宽松快乐的成长环境。

（三）家庭教育作用被忽视

在开展教育工作过程中，家庭教育的地位不容忽视，它是一个人终身教育的起点。但是，在当代，大学生自律行为养成中，家庭教育作用被忽视是常见现象，这种现象会对大学生的成长产生负面影响，因此需要关注和解决。

家庭教育在大学生自律行为养成方面产生巨大影响。其一方面是孩子发展的有力保障，另一方面是大学生自律行为养成的前提基础。通过实施家庭教育，孩子具备道德、思想、态度和价值观等方面的素养，对于大学生的自律行为养成存在显著的引导价值。所以家庭教育从本质上而言，是大学生自律行为养成中不可缺少的一部分。然而，实际情况是，当代很多家庭并没有意识到家庭教育对大学生自律行为养成的重要性，或者没有意识到应该如何进行家庭教育，未对家庭教育所处的重大地位给予高度关注。例如，家长没有教孩子如何管理自己的时间，如何制订计划和目标，孩子会在自己的事情上浪费时间，或者没有明确的计划和目标，导致学业和生活混乱。家长没有教孩子如何承担责任和面对挑战，孩子会逃避责任，不愿意承担自己的错误或失败，并且缺乏应对困难的能力。这种现象导致一些大学生缺乏自律能力，不具备自我管理能力，缺乏自我约束和自我激励能力，对其全面发展产生了不良影响，所以家庭教育的价值不容小觑，它在大学生自律行为养成中扮演着重要角色，家长需要注意培养孩子的品德和素养，建立家庭规矩和秩序，给孩子充分的关爱和理解，帮助他们树立正确的价值观和人生观，从而培养孩子自律意识和能力。

四 个人因素

事物的诞生和演变，离不开内部要素和外部要素的协同作用。内部要素是事物诞生、演进的重要根据与核心成因，大学生群体的自律能力和内部要素具有密不可分的关系。现阶段，国民经济快速发展，社会环境明显改进，大学生生活的环境越来越好。原则上，他们需要严于律己，自力更生，尊重机会，迎难而上。但是通过调研可知，在外在不利因素的干扰下，一些大学生无法对个人的一言一行实施约束，自律观念不强，自律能力明显缺失，造成这种现象的根本原因在于自身内部因素的影响。

（一）自省意识不足

当代大学生是经济发展、社会进步和文化多元影响下的新一代青年，他们的价值观正在不断形成和塑造。然而，在这个过程中，仍存在一些不良的社会风气，挑战大学生的道德底线。由于大学生的社会经验和人生阅历较少，思考问题通常比较感性，容易受到外界因素的影响，缺乏判断和取舍的能力。在宽松的校园环境中，一些大学生容易放松对自己的要求，甚至投机取巧，自控能力不足，这导致大学生自律行为养成面临巨大的约束，使其难以适应未来竞争激烈的社会。因此，大学生应该树立正确的价值观，注重自我管理，学会辨别是非曲直，坚定自律的决心，以便更好地成长和发展。

自省是指个体对自己的思想、行为和情感进行自我反思和自我评价的过程，以了解自己的内心世界和自我认知。自省从广义层面来说，涉及的内容十分多元，主要包含人们对个人方方面面所做的评估与思索。通过自省，人们能更好地实现成功成才。从人类文明的诞生与演变进程可知，社会产生了诸多准则，对公众的思维理念与行为模式形成了一定的制约。如果希望社会实现稳健良性运转，则应当构建完善成熟的法律系统提供支持，但是各项社会规则的践行，需要人们自觉遵从，需要强化人们的自省意识。现阶段社会呈现出复杂化特征，大学生必须对个人的一言一行进行约束，强化自我管理，加强自身的自省意识。众所周知，物质对意识产生决定性影响，意识对物质存在一定的反作用。而思想作为意识形态的重要组成部分，对大学生自律行为养成具有显著的指引功能。基于调研可以发现，一些学生对自省的重大价值与意义缺少深刻的认知，这造成其思想和行动难以达到协调并进，阻碍了大学生自律行为的培养，大学生的自律意识逐渐弱化，其并不明白自律意识对个人发展具有的益处，所以缺少将自律意识内化为自律行动的力量，产生了松懈心理。在他们的意识形态里，意识没有实质价值。还有一些学生具有前瞻性眼光，对个人的职业发展规划清楚明了，对自我存在的问题产生深刻的认知。对自省意识的作用与价值不甚了解，是导致大学生群体自我控制能力较差，为所欲为，行为不加节制的实质成因。当前一些学生并不明白自省意识的养成对自身道德品质形成的重要性，在实践过程中坚持以自己的情感为主，按照自己的情绪对行为模式进行抉择，并未实施有效的自我控制，缺少自省意识，主要是依据心中的自我标准作出道德抉择。

一些学生对自省意识的具体准则缺少深刻的认知，对道德责任与义务不甚了解，所以极易受到不良思想的冲击，出现道德失范行为。现阶段在互联网世界，很多学生呈现出过度娱乐化的问题，在对道德准则相关知识进行学习时积极性不高，对自省意识的认知较为欠缺，产生了严重的知行不一现象，造成他们的道德认知有失偏颇，无法强化自身的自省意识与自省能力。随着全球经济一体化进程的加快，我国对外开放化程度明显增强，经济发展步伐越来越快，虽然国与国之间的文化交流和碰撞越发频繁，但是本土文化与主流意识形态很容易受外来文化冲击。在多元文化选取过程中，一些学生很难做出正确的文化抉择，价值取向不当，盲目追捧外来文化，对本国存在的发展问题极其漠视，并不关注对本国优秀的传统文化主流意识形态进行学习，对中国传统文化里包含的爱国主义、集体主义等重要的精神缺少深刻的认知。所以，在思想道德认知方面，和社会主义核心价值观明显背离，阻碍了自省意识的进一步发展。

在当今社会，大学生处于激烈的竞争环境，很容易受到功利主义思想的侵蚀，不关注个人的道德修养，一味地追求私欲。对自我作出的评价不够客观，对他人进行评价时设定了多重标准，主要以他人与社会为自我创造的价值作为衡量标准。一些学生的集体意识较弱，个人主义价值观念限制着集体主体的生成与形塑。同时并未具备良好的自我培养能力，一味地追求私利，将利益视作评判自我的重要标准，未能以法律法规道德准则严格约束自我。在崭新的历史时期，社会环境发生了巨大的变化，对大学生群体作出的要求更为严苛，要求其强化自身的自省意识。

（二）内省认识不够

内省是指个体对自己的心理和情感进行深入的反思和自我探究，以了解自己的内在世界和情感状态。内省是自省的一种特定形式，强调对自己的情感和心理状态的反思和探究。大学生内省是指大学生在日常生活和学习中对自己的思想、行为和情感进行反思和审视的过程，以达到理性思考、自我认知和自我完善的目的。大学生内省的核心是自我反思和审视，即对个人的思维观念、情感态度、行为模式展开系统化反思，在此基础上明确自身的优点和不足，发现自己的问题和不足，以便更好地改进和完善自己。大学生内省还包括自我认知和自我探究，即对自己的个性、天赋、兴趣、价值观等方面进行深入的了解和探索，从而更好地认识自己、发现自己的优势和潜力，为自己的成长和发展打下基础。大学生内省的最终目的是实现自我完善和自我提升，即通过对自己的反思和认知，不断改进思想、行为和情感，增强能力和素质，提高综合素养和竞争力。

对大学生而言，内省是必不可少的自我认知优化手段，而现阶段大学生群体普遍存在内省认知不足的问题。第一，大学生内省的意识不足。很多大学生对内省的概念和意义缺乏深刻的认识，缺乏内省的意识和自我调节的能力。他们对自己的行为和思想缺乏反思，缺乏对自己的认知和探究，无法意识到自己的问题和不足。第二，大学生内省的时间不足。由于学业繁重和社交压力大，很多大学生缺乏足够的时间来进行内省和反思，他们忙于完成学业和社交活动，很少有时间来思考和反思自己的行为和思想。第三，大学生内省的方法不足。很多大学生缺乏有效的内省方法和技巧，不知道如何开展内省活动，如何发现自己的问题和不足，如何实现自我完善和自我提升。第四，大学生内省的动力不足。很多大学生缺乏内在的动力和自我激励，他们缺乏对内省的兴趣和热情，很少有自发地进行内省和反思的行为。同时，由于外部的评价和压力，他们更关注外在的表现和评价，很少关注内在的自我认知和自我完善。

综上所述，当前大多数大学生具有内省认知缺失这一问题，所以学校应当积极实施内省教育，加强他们的内省意识和能力，帮助他们发现自己的问题和不足，实现自我完善和自我提升。

（三）反省能力不强

反省是指个体对自己的行为和经验进行反思和评价，以发现自己的错误和不足，并且采取措施进行改进和提高。反省强调对自己的外在行为和经验的反思和评价，以实现自我完善和自我提升。然而，部分大学生缺乏对时间的规划和管理，难以摒弃拖延和分心的习惯，导致学习效率低下，反省能力不足。在宽松的大学环境中，他们往往沉迷于社交媒体和其他娱乐活动，导致注意力难以集中，影响学业和生活。此外，熬夜玩游戏或看电影也会影响身体健康和精神状态，造成不必要的压力和焦虑。因此，加强大学生反省能力的培养和提升具有重要意义。只有认识自己的优缺点和学习适应性的方法，大学生才能更好地规划和管理自己的时间，达成预期目标。

当代大学生反省能力较差，容易受到外界不良因素的影响，崇尚金钱至上的思想，沉迷于互联网，在学习方面丧失了上进心，一言一行不加约束，与人交往过于自由任性。随着互联网的普及与运用，文化传播范畴得到了显著拓展，文化内容规模与日俱增，类型越发多元，传播效率更为迅速，这使得大学生群体享受到了诸多新颖的精神体验。其可能会将互联网视作释放压力的重要依附载体，对个人的不满情绪予以发泄。由于大学生群体的“三观”还没定型，而互联网中充斥着各种各样的信息，很容易给他们的意志力带来巨大的挑战。通过互联网这一载体，大学生能够依据个人的爱好对人物角色予以设定，排解心理压力，树立自信心。但是，互联网作为虚拟空间具有显著的隐秘性特征，容易造成一些学生沉迷其中，难以自制。很多网络用户对一言一行不加约束，随便对他人的隐私进行曝光，剽窃他人的研究成果，发布不实消息，还有一些人误入歧途，实施不法之事。在网络环境中他们获取了巨大的自信，这会造成其对互联网高度依附，试图借助这一载体逃离现实。但是在回归真实的社会之后，当面对沉重的生活与学习压力时，他们产生了明显的心理落差，行为过于随意，并不关注虚拟网络与现实生活存在的差异，最终实施了一些有违道德准则、法律法规的不良行为，误入歧途。

此外，大学生拜金主义、享乐主义盛行，也是其反省不足的表现。例如，当代大学生奉行拜金主义，主要体现为其对个人拥有很强的认同感，热衷于我行我素，视金钱为粪土，认为金钱是个人地位的象征，是获得别人认同的工具。消费奢侈，对金钱随意挥霍，认为这是彰显个人价值的具体表现。随着消费品的持续更替，很多大学生开始追求特立独行，在消费上盲目从众，出现了严重的攀比心理。受到拜金主义的影响，难免误入歧途，偏离正轨。整体来说，一些大学生的自省意识不足，导致大学生自律行为养成面临巨大的阻力。现阶段社会发展越来越快，这既为大学生提供了巨大的发展机会，又给他们带来了无限挑战。但随着社会的变迁和竞争的加剧，越来越多的大学生开始认识到反省能力的重要性。因为只有具备良好的反省能力，才能在激烈的竞争中脱颖而出，成为人生的赢家。

综上所述，当代大学生自律行为养成一方面是对人才培育的核心目标，另一方面是大学生实现全面发展的内在需求。但是自律行为养成教育很难一蹴而就，必然会历经艰难复杂的过程。大量实践经验证实，大学生自律行为养成是内因和外因共同作用的结果，其影响要素包含社会要素、家庭要素、学校要素、个人要素等，所以应当整合多方力量，彼此通力协助，共同配合，构建健全成熟的大学生自律行为养成合作体制，这样才能实现既定的养成教育目标。

第五章　当代大学生自律行为养成的目标与内容

当代大学生自律行为养成是一项包括教育目标、教育方法、教育原则和教育内容的系统工程。强化当代大学生自律行为首先需要明确当代大学生自律行为养成的教育目标。目标决定教育的方向，是推动教育发展的指南针。当代大学生自律行为养成的目标是编制并执行教育规划的导向，是落实教育工作的指针。唯有设定了清晰具体的目标，才可以确定实践路径，为教育成效的衡量提供具体的标尺。由教育目标延伸出的教育内容，是推动当代大学生自律行为养成的核心环节。只有明了自律行为养成的教育内容，教育行为才能有切实的抓手，教育过程才能有具体的操作办法，教育目标才能真正地贯彻下去。

第一节　当代大学生自律行为养成的目标

在进行当代大学生自律行为养成教育过程中，应当设定清晰可行的目标，这是当代大学生自律行为养成的基本导向。从根本上来说，当代大学生自律行为养成的教育目标体现了党和国家的政治意志，反映了社会发展的现实要求，符合教育发展的客观规律。当前，当代养成教育的核心目标在于帮助大学生群体掌握正确的思维理念、行为方式，强化他们的道德自律意识与综合素养，引导其塑造健康的人格，强化大学生的责任担当，最终实现大学生的全面发展。

一　提高文明修养

当代大学生自律行为养成教育属于德育教育的一部分。当代大学生自律行为养成的教育目标和道德教育目标是相同的，“表现出了社会、国家、教育主体、教育对象的期待与需求，指明了道德教育的路径与方向”①。当代大学生自律行为养成的教育目标是要从学生的德行培育切入，引导他们积极地对现代文明要求进行践行，加强自身的道德修养与适应能力。提升学生的文明修养，既是实施大学生自律行为养成教育的核心目的，又是对教育成效进行衡量的关键标准。加强当代大学生自律行为培育，既要坚持文明修养的灌输，也要注重学生道德修养的养成。

（一）提升文明修养

从文明修养的内化来说，当代大学生自律行为养成教育要坚持以社会主义核心价值观为引领，把自律行为养成与社会主义规范联系起来，重视学生对于现代文明素养的感知。当代大学生自律行为养成的前提是充分认识到，社会主义文明规范的具体要求。这就要求在当代大学生自律行为养成教育过程中，教师通过课堂教学、主题活动、知识讲座等，把正确的价值观念传输到学生的头脑中，使学生明白何为“正确方向”。此外，教师还需要帮助学生形成自律的思想观念。社会文明规范的约束可以通过自律与他律两种方式来进行。只有坚持用自律来约束自身，感悟社会主义文明规范，才能真正地提升文明修养。如果只是利用他律来约束自己的行为，学生对于社会主义道德规范的敬畏，就不是发自内心的认同，而是对于社会惩罚的恐惧。学生只有

① 鲁洁月、王逢贤：《德育新论　新世纪版》，江苏教育出版社2002年版，第32页。

发自内心地认同社会主义文明规范，其文明修养才能真正提高。从这个意义上来说，当代大学生自律行为养成需要从两个方向来抓，一个方向是抓社会主义文明规范的教育，另一个方向是抓自律观念的灌输。

从文明修养的实践来说，当代大学生自律行为养成教育要引导学生约束自我行为，自觉践行社会主义核心价值观，自觉遵守社会主义道德的具体要求，把文明规范融入日常的行为活动中。中国古代社会对“君子”“小人”进行评判时，遵循的衡量依据为是否达到知行合一。很多学者强调，应当把认识论和道德修养高度融合，促使人们做到知行合一。中国古代的“古者言之不出，耻躬之不逮也”“君子耻其言而过其行”等言论就很好地体现了这个观点。进入现代社会以后，知行合一仍是对个体文明修养进行衡量的关键指标。坚持知行合一是当代大学生自律行为养成的根本目标。社会主义文明规范被学生了解，是提升他们文明修养的重要基础。与此同时，还要让学生在日常生活、学习生活与社会交往活动中，能够积极地去践行这些文明规范。而且，学生践行社会主义道德规范，应该是因为内化社会主义文明规范后，自觉自愿地追求更高的文明水准，发自内心地践履社会规范的要求。只有这样，当代大学生自律行为养成教育目标才算真正实现。

（二）提升道德修养

当代大学生自律行为养成需要帮助大学生强化道德认知。从逻辑上来说，道德规范是社会规范的一部分。大学生养成自律行为就需要清楚掌握社会规范的基本要求，道德规范自然也是他们需要掌握的规范之一。但是，大学生只有形成自律意识，具有自律行为的内在动力的时候，才会主动地内化道德规范，并愿意按照道德规范的要求约束自己的行为，这个时候的道德规范才具有生命力。从这个意义上来说，自律行为的形成与道德规范的认知是相互伴随的。大学生要养成自律行为必须强化自己的道德认知，大学生只有坚持不懈地强化自律行为，才会主动加强道德认知，并按照道德认知参与社会实践。所以，大学生养成自律行为的过程从本质上而言，是对学生道德认知进行深化的一个过程。加强道德认知与养成自律行为的双向互动，也会促进大学生道德修养的提升。

当代大学生自律行为养成教育应当引导大学生群体提高道德修养，而这种养成过程也会助力大学生形成更高的道德境界。不同的个体之间的道德境界存在巨大差异，有些人道德境界高，有高尚的道德情操和广泛的精神自由；有些人道德境界低，整日蝇营狗苟，沉迷于低俗的物质欲望。从个体来看，不同的生活环境、不同的人生阶段也有不同的道德境界。尽管道德修养的提高很容易被诸多要素影响，而个人心灵深处的道德水准是决定道德境界的重要环节。保持自律习惯，显然是维持内心道德水准的关键。大学生是个体逐步走向成熟的人生阶段。这一时期的道德境界高低直接决定大学生未来很长一段时间的道德水准。在自律行为养成的过程中，大学生需要不断地强化内在自律意识，提高自我的道德境界，减小外界的不良影响，最终达到“一箪食”“一瓢饮”也不改其乐的崇高道德境界。

当代大学生自律行为养成需要帮助大学生开展道德实践。当然，强化大学生道德认知、提升大学生道德境界的最终目的还是要推动大学生积极参与道德实践。通过自律行为的养成，社会的道德规范成为大学生日常生活的行为规范。当大学生保持自律行为的时候，本身就是在遵守道德规范，就是在参与社会道德实践。当然，这样的参与还是不够的。大学生坚持自律不应该沉浸在自我的内心世界中，不只是简单地维持自我的道德修养，也不能是避世隐居的隐士态度。大学生应该在自律的基本要求下，积极主动作为，参与到社会实践中，广泛地影响他人。也就是说，大学生坚持自律行为，不仅要追求自我的内心快乐，还应该服务于社会，使个体的道德活动与社会的发展紧密结合。这才是真正的“大德”之道。

二　养成健全人格

健康的人格对于个人的发展具有重要意义。对于个体来说，只有具有健康的人格系统，个体才能具有正确的价值观念和向上的社会行为；对于社会来说，只有大多数个体具有健康的人格，社会才能保持总体的稳定，才能在常态的背景下运行。精神分析学派认为，个体之所以会出现变态的人格，根本原因就是个体内部的各种冲突而导致人格的分裂。① 所以形成健康人格的关键是要实现个体内部的人格整合。实现人格的整合并非易事。针对人格的整合，不同的研究者给出了不同的答案。阿德勒的观点是，培养健康的人格需要个体找到社会的归属感和社会兴趣。② 而马斯洛则主张，个体通过不断挖掘自身的潜能和价值，实现自我，完善自我人格。为此，他还给出 8 种达到健康人格的方式。③ 显然。这两位学者对于健康人格的培育有不同的认识。但是他们都认识到了个体自身在培育人格中的重要作用。

（一）养成健康人格

自律养成是培育个体健康人格的重要支持。无论如何，个体要养成健康的人格都需要从自身出发。“人格（personality）指的是个体在接受社会化时产生的体现于认知、情感、思想等维度上的整体精神风貌。”④ 只有个体能够实现自我的行为约束，才有可能存在健康的人格。从社会层面来说，个体只有具备一定程度的自律行为，才能正常与他人交往，适应社会提出的各种需求，也才能在社会中找到归属感和社会兴趣。从个体层面来说，只有个体具有基本的自律行为，才能进行

① ［奥］弗洛伊德：《弗洛伊德著作选》，里克曼选编，贺明明译，四川人民出版社 1986 年版，第 275—304 页。

② 参见［奥］A. 阿德勒《自卑与超越》，黄光国译，作家出版社 1986 年版，第 213—222 页。

③ 参见车文博《人本主义心理学》，浙江教育出版社 2003 年版。

④ 王传旭：《培养健康人格　促进学生全面发展》，《教育研究》2003 年第 4 期。

个体内视，不断发现自身的潜能，从而确证自身的社会价值。由此可见，个体要培育健康的人格离不开自律行为的养成。反过来说，当代大学生自律行为养成教育应该把培育健康的人格作为教育的目标。

当代大学生自律行为养成旨在引导大学生塑造健全人格。随着新型技术手段层出不穷，社会生产力水平越来越高，人们在物质领域获得了显著的建设成果。与此同时，沉重的社会压力严重影响了个体健康人格的形成。当代大学生自律行为养成需要教育工作者提供必要的指导，帮助大学生群体认可、了解、接受各项社会道德规范，从而对自我行为实施调控。通过不断的实践，最终收获正确的行为习惯。通过实施自律行为养成教育，大学生能够与他人建立正常的社会关系，更好地融入社会环境中，从而减小社会压力对于大学生人格健康发展的影响。而且，有良好的自律行为的大学生更容易在各种社会活动中强化个体的自信，提升自己的能力，从而发现自己的价值。在社会交往中，这样的大学生往往能够有很好的自我调节能力。简单地说，大学生自律行为可以极大地助力健康人格的形成。培养大学生健全的人格，也就成为当代大学生自律行为养成的主要目标之一。

（二）培养健康身心

为了保持健全人格，大学生自律行为养成教育应当引导大学生群体形成健康的身心。大学生需要通过养成自律行为，自主调节心理状态，保持心理健康。大学生不仅需要有健康的身体，还要有健康的心理。保持心理健康同样需要大学生自主地调整心理活动，形成稳定的心理状态。有研究表明，多年来，中国大学生的心理健康水平逐步改善。[①] 但是，这并不意味着，当代大学生的心理状态维持着很高的健康水平。恰恰相反，当前层出不穷的大学生自杀、抑郁等问题都表明，大学生自主调节心理状态，加强心理建设，积极地进行心理调节，对

① 辛自强等：《大学生心理健康变迁的横断历史研究》，《心理学报》2012 年第 5 期。

于大学生的正常生活至关重要。问题的关键是，大学生的心理调节活动，是外界很难干预的。在心理调节过程中，无论是心理治疗师，还是思想政治教育工作者，都很难在外面发挥作用。保持健康的心理状态，主要依靠大学生的自律行为。大学生需要坚持规律的心理调节，积极地进行自我心理建设，主动地释放心理压力，保持良好的心理状态。如果大学生缺乏应有的自我调节能力，往往很难达到心理调节的目的，也很难维持健康的心理状态。

大学生还需要通过养成自律行为，保持身体健康。2017 年印发的《中长期青年发展规划（2016—2025 年）》中指出，“不断提高青少年群体的体质健康水平，体质达标率至少要达到 90%”①。可见，保持大学生的身体健康不仅关乎大学生自身，而且涉及整个国家的发展。大学生要保持健康的身体，只能使自己保持自律的生活状态。首先，要坚持规律的作息时间。在当下，很多大学生常常因为沉迷网络和各种娱乐活动，作息不规律，睡眠质量很差。睡眠不好不仅影响学生的学习生活，还容易诱发多种疾病。要维持健康的生活状态，大学生需要坚持生活自律，保持规律的作息时间。其次，要按时按点地坚持一日三餐。饮食规律是维持身体健康的基本要求。然而，现实状况却是很多学生的饮食时间、饮食频率、饮食质量都存在严重问题。抛开各种客观外在因素不说，主要是因为大学生缺乏生活自律。最后，要长期保持运动习惯。现有的多种研究都表明，体育锻炼对于大学生的身心健康具有重要的推动作用。维持自律的运动生活是提高体育锻炼水平的主要手段。大学生只有形成自律的运动习惯，才能更好地维持身体健康。

三　强化责任担当

自律行为养成的目标不仅是为了培养学生的自我管理和自我调节

① 《中长期青年发展规划（2016—2025 年）》，《人民日报》2017 年 4 月 14 日第 6 版。

能力，更重要的是为了强化大学生的责任担当，提高他们的社会责任感和使命感。习近平总书记指出，“青年学生树立远大的抱负，掌握专业的技能，拥有责任担当意识，则国家与民族的发展会更为繁荣”①。大学生群体是社会建设的领头军，是国家发展的重要保障。倘若大部分学生缺少责任担当意识，完全沦为精致的利己主义者，那么国家就会失去活力，民族也就会失去未来。在当代，大学生作为未来社会的中坚力量，需要具备承担社会责任、履行社会使命的能力和意识。要让大学生真正地把党和国家交予的社会责任和历史使命承担起来，特别需要鼓励大学生形成内生的主体动力。不言而喻，责任担当教育需要自律行为教育给予保障。倘若不对大学生群体实施自律行为养成教育，那么在这种情况下，责任担当教育就是空中楼阁。因此，强化责任担当是当代大学生自律行为养成的重要教育目标，需要持续不断地融入养成教育全过程。

（一）强化社会责任

强化大学生的责任担当首先要强化大学生的社会责任感。一方面，帮助大学生形成持续的和长久的担当社会责任意识，是当代大学生自律行为养成的要求。作为社会的一分子，大学生应当关注社会发展和进步，积极参与社会实践和志愿服务，为社会做出贡献。同时，要树立正确的价值观和世界观，不断提升自己的道德水平和社会责任感。但是，问题的关键不在于某一次的担当和作为，而是需要大学生长期承担社会责任。所以，社会赋予大学生的责任担当不应该是外来强加给大学生的，而应该是大学生主动担当社会责任。因为外力不可能永远都存在，只有青年发自内心地承担社会责任，才能有持久的主体动力去担当作为。当大学生具备良好的社会自律行为的时候，他们就会

① 中共中央党史和文献研究院编：《习近平关于统筹疫情防控和经济社会发展重要论述选编》，中央文献出版社 2020 年版，第 123 页。

自发地把党和国家的社会要求内化于心，外化于行，勇敢地把社会责任扛在自己的肩头。所以，在当代大学生自律行为养成教育过程中，要强调大学生长期担当责任的意识，把担当责任镌刻在大学生的血脉之中，成为其下意识行为。从这个意义上说，要把责任担当融入当代大学生自律行为养成应该是一个长期过程。

另一方面，帮助大学生养成担当责任的能力，是当代大学生自律行为养成的又一要求。习近平总书记指出，“当代中国青年要练就过硬本领”①。当代是一个充满机遇和挑战的时代，大学生需要具备开拓创新、勇攀高峰的精神和能力，为实现国家的发展和进步做出贡献。当代大学生如果没有过硬的本领，就不可能成功地应对风高浪急的各种挑战，也不可能适应社会发展的需要。在当代大学生自律行为养成过程中，要尤其突出大学生自觉地提升能力的素养，要使大学生充分认识到自觉提升能力的重要性。大学生的能力素质的提升，需要自身去追寻科学文化知识，自发在实践中去锻炼自己的能力。大学生只有拥有自律的行为，才能更快更好地提升。因此，当代大学生自律行为养成的目标是为了强化责任担当，使大学生在日常生活、社会实践和历史使命中能够具备更大的责任和担当。

（二）强化使命担当

在当代，大学生承担着重要的历史使命。在世界百年未有之大变局出现之后，国家加速了伟大复兴梦的实现进程。在崭新的历史时期，大学生被给予了更加崇高的历史使命。习近平总书记明确强调，“不管何时，青年学生群体均是完成中华民族伟大复兴梦的主力军”。而大学生是其中重要的一员，这要求大学生主动承担起致力于中华民族伟大复兴的历史使命。而大学生承担伟大的历史使命，发挥好先锋作用，又离不开自律行为的养成。

---

① 习近平：《在纪念五四运动100周年大会上的讲话》，人民出版社2019年版，第1页。

一方面，自律行为的养成可以增强大学生的先锋本领。大学生要承担起历史使命，首先要有过硬的先锋本领。而要有过硬的先锋本领，首先要有掌握专业本领的办法，其中最为有效的办法为坚持自律。一是大学生坚持自律可以保持先知先觉的思想意识。敏锐地发现社会形势的变化，准确判断国内外局势的走向，是大学生先锋作用的主要表现。当大学生具备良好的自律行为时，就会主动地深入社会生活，长期保持敏锐的观察力，不断地探索社会未来的主要变化。二是大学生坚持自律可以不断强化解决各种社会问题的能力。在实现中华民族伟大复兴的道路上，存在各种风险和挑战。大学生如果没有良好的自律能力，就只能被风险和挑战打倒，而不能打倒风险和挑战。大学生若养成自律行为习惯，就能长期保持学习动力，在应对风险与挑战中持续提升自我本领。三是大学生坚持自律可以增强大学生引领时代潮流的水平。大学生总是充满创新活力，走在时代的前沿，引领时代的发展。但是，把时代引向何种方向却取决于大学生本身的水平。大学生只有具备良好的自律能力，才能把时代潮流与历史使命结合起来，引导青年人投入民族复兴的滚滚长河中。

另一方面，自律行为的养成可以强化大学生的先锋情怀。如果大学生只有先锋本领，而没有先锋情怀，也是不可能发挥好先锋作用的。大学生的先锋情怀要求大学生能够主动地把个人的发展融入时代的大潮中，把个人的命运与国家和民族的发展相结合，积极作为，不懈奋斗，自觉担负起属于自己的历史责任。大学生的先锋情怀离不开自律行为的支撑。正是在强化自律行为的过程中，大学生才会意识到个体与社会的内在逻辑，发现个体发展与民族进步的紧密关系。由此，大学生才能萌发出为民族发展服务的意识。大学生只有养成自律习惯，才会有帮助他人、引领他人进步的自我意识，才会有修身齐家治国平天下的壮志。大学生只有乐于帮助他人进步，才能更好地承担时代先锋的重任，其他青年人也才愿意跟随先锋的脚步，为民族的复兴而奋斗。大学生只有具有修身齐家治国平天下的壮志，才能用自己的激情与行为感染他人，获得其他青年人的社会支持。

第二节　当代大学生自律行为养成的内容

当代大学生自律行为养成最显著的特点体现于依据人们高度认同的社会规则，借助社会、家庭以及学校等诸多领域的支持，助力大学生形成良好的自我控制能力和道德修养，使大学生自发地遵从和践行社会规则。养成教育内容最主要的表现形式则是大学生高度认同、自觉接受社会规则。其一言一行不但和社会规则相契合，而且和这些规则里包含的素质要求相匹配。当然，自律行为在不同的生活空间有不同的表现。按照大学生的活动领域不同，当代大学生自律行为养成可分为大学生的道德自律行为、法纪自律行为、学习自律行为、网络自律行为和生活自律行为。

一　道德自律行为

在当代，道德自律行为有了新的内涵和特征。道德自律行为是指个体将道德准则转化为具体的道德实践，是一个人内心自我立法、自我实践、自我控制的过程。这就意味着，个体应该成为自己行为的道德裁判官。在社会实践活动中，个体需要借助内在的道德认知和意志来实现自我道德约束。道德自律是个体道德发展的高级阶段，它对于个体道德认知与道德约束能力有很高的要求。道德自律要求个体从社会实际和自身情况出发，自愿接受社会道德规范，主动践行社会道德，维护社会公共利益。在这个过程中，个体需要从较高的道德层面来思考和对待自己的行为，不断提高自身的道德水平和道德素质，从而形成良好的道德自我管理和自我教育能力，最终实现个人和社会的双重发展。

（一）培育符合时代要求的道德自律行为

在当代，道德自律行为养成有更高的要求。加强道德建设，培养当代大学生的道德自律行为，是提升当代大学生自律能力的必然要求。习近平总书记指出“如果华夏民族子孙后代世世代代都能够对高尚的道德境界进行追寻，则民族的发展会永不衰落”①。当代大学生自律行为养成应当高度重视道德自律意识与自律能力的养成。要在教育过程中，帮助大学生自觉主动地履行道德义务，承担社会责任，培养道德自律精神。因此，离不开个人、学校与家庭的协同付出，联合助力于大学生道德自律精神的培养。这种道德自律养成教育既包含道德意志自律、道德情感自律的养成教育，也包括培育大学生道德行为选择的自律养成教育。养成道德意志自律的最终目的是帮助大学生获得精神上的自由与生活中的愉快，要使大学生在身心等维度上产生成就感和满足感，获得成功的喜悦感，具备独立自主、自强不息等崇高的道德素养与精神品质。

（二）克服道德自律养成的障碍因素

在当代，道德自律行为养成面临更多挑战。随着社会的发展，大学生所处的环境削弱了道德自律行为养成教育的作用。随着改革开放进程的加快，中国经济实现了高度繁荣，大学生的发展环境越来越好，物质需求得到了满足，所以很多大学生自信勇敢、活泼开朗、乐观进取。不过他们的社会阅历不足，挫折应对能力较差，背负的心理压力非常沉重。并且在计划生育政策的影响下，当代大学生大部分为独生子女。父母倾其所有支持和帮助孩子，这造成他们的生活自理能力较差，当面对实际问题时缺少处理能力，对父母过度依赖。再加上网络得到了广泛应用，大学生群体能够通过互联网获取规模庞大的信息，他们对各类事物具有独到的认知与想法。在道德自律行为养成教育过

① 习近平：《在山东考察时的讲话》，《人民日报》2013 年 11 月 29 日。

程中，大学生会因互联网信息的干扰而对教师的思想教育活动产生抵触情绪。总的来看，当代大学生道德自律行为养成教育面临很多挑战。

二 法纪自律行为

法纪只有依靠个体的自律，才能为个体所内化，真正发挥作用。法纪是法律和纪律的合称，二者均是强制性的外在规则，是对人们实施的行为予以规制的有效方式。但是，仅仅依靠外在的强制手段，并不能真正达到法治的目的。现阶段，中国的法律系统越发完善成熟，各项法纪更为全面，这有利于促进社会的稳健有序发展。但是如果法律只局限在文本上，而不能被个体所掌握和认同，那么再多的法纪条文也是一纸空文。推进全面依法治国，需要人们主动遵守各项法律法规，将法律条文内化成一种实践行动。当个体能够自觉地用法纪来约束自己的行为时，法纪就会焕发出强大的生命力，而个体也可以在法纪的框架下获得广泛的生活自由。从这个意义来看，法纪自律行为养成教育对于全面推进依法治国以及学生个体的发展，都具有重要意义。因此需要发挥高校思政教育的正向引导功能，指引大学生强化自身的法纪思想认知，遵守各项社会规则，加强自我的法纪自律能力。

（一）强化法纪自律行为培育

当代大学生自律行为养成涉及多方面内容。现阶段，社会环境呈现出复杂多变的特征，所以应当利用外界力量对大学生行为实施制约与监管。倘若大学生群体缺少遵规守纪、知法懂法的自律观念，那么各项法律就会流于形式。第一，法纪自律行为养成教育需要从大学生群体自我管理、自我教育等维度切入。良好的组织纪律是确保学生全身心投入学习的重要基础，有利于对他们的行为进行有效规制。因此，很多大学对组织纪律建设给予高度关注，但是在此过程中，发挥主导功能的还是纪律约束的主体——学生。只有学生养成自律的道德行为，学校的纪律才能真正落地。其次，法纪自律行为养成教育应该突出法律法规教育的作用。遵守法律法规是实现自律的基本要求。因此，加强法律法规教育，强化大学生群体的法治意识，既可以对大学生的行为给予相应的引导，又可以防止其实施不法行为，能够切实保障社会的安宁有序。最后，法纪自律行为养成教育应该强调法律法规与自律行为养成的联系。大学生是国家的希望，其在参与社会实践活动过程中，应当自觉将各项法纪转化为自身的行动纲领，遵规守纪，不做违法乱纪之事，这是大学生自律行为养成的具体表现。

（二）应对法纪自律培育挑战

当代大学生法纪自律行为养成面临现实挑战。当代大学生的一言一行和社会发展均是息息相关的。但是一些学生的自我控制能力不强，对外界引诱的自控意识薄弱，同时缺少正确的价值观作为引导，受不良要素干扰，造成其缺少对法纪自律、养成教育的深刻认知与理解，难以彰显出法纪对其思想与行为的指引、规制等功能。这种现实状况对于当代大学生自律行为养成产生了巨大挑战。另外，法律制度和校园纪律存在很多脱节的地方。基于对各项法律机制作出优化与改进，稳步推进法治建设工作，既可以强化当代大学生的法纪自律意识，又能够帮助其从他律过渡为自律，形成正确的行为习惯。但是，当前的很多法律制度和校园纪律都是之前留下的文本。很多制度和纪律都需要与时俱进和创新完善。只有先建立适应时代需要的制度和纪律，才有当代大学生自律行为养成的制度。

三　学习自律行为

学习自律行为养成从本质上来说是大学生自律行为养成不可或缺的重要组成部分。学习自律具体指的是教育对象在学习时，不对教育主体的监管过度依附，不会被学校的考核机制所干扰，可以自觉地落实学习任务，维持正确的学习态度，编制合理的学习规划，达成最终的学习目标。在大学阶段，学习是学生最主要的任务。利用学习，能够使大学生掌握扎实的理论知识，具备专业的能力，开阔自我的思维与视野，为参与未来的社会发展奠定基础。学习是一个学生主动吸纳的过程。仅仅依靠教师的强制灌输，大学生不可能真正地掌握各种知识的内在本质。所以，在大学生的学习生活中，要尤其突出自律行为的培养，把被动的知识灌输转为主动的知识学习。而且，在现代社会中，任何人都不能一考定终身，而是需要不断地学习新的社会知识。而要保持终身学习的习惯，没有一个良好的自律行为习惯是不可能的。这就意味着，学习自律行为养成本来就是大学生能力培养的目标之一。

（一）拓展学习自律覆盖面

大学生学习自律行为主要包括多个方面。一是大学生需要自主地制定学习目标，制订合理的学习计划。制订一个合理的学习计划可以帮助大学生更好地掌控自己的学习进度，避免拖延和压力过大。大学生还需要设定达成目标的学习时间表，使得既定的目标成为可行性方略。二是大学生需要约束自我行为，全身心投入到学习中。大学生需要按照自己的学习计划，每天坚持学习时间表，保证自己在规定的时间内学习。大学生还需要保持良好的学习习惯，如保持专注、注重笔记和思考、不抄袭等。大学生可以采取多样化的学习方式，如阅读、听讲、实践、小组讨论、辅导等，以便更好地理解和掌握学习内容。三是大学生需要深化学习的规则意识。大学生应在学术研究、论文写作、知识获取和传播等方面遵守学术伦理和规范，自觉维护学术诚信和学术声誉的行为。大学生不得侵犯他人的著作权、专利权等知识产权，不得非法复制或者传播他人的知识成果。同时，大学生应该遵守学术规范，不得捏造数据、篡改结果。

（二）增强学习自律持久性

大学生学习自律行为养成就是帮助大学生树立正确的学习观念，

深化学习目标意识，养成终生自律的行为习惯。坚持终生的学习自律行为，需要大学生持续地为自己设定学习目标，把自律的学习行为当作终生事业来做。在学习的过程中，大学生需要提前设定好自己的学习目标，时时刻刻、分分秒秒都用目标来约束自己。所谓“知止而后有定”，就是只有明确目标，知晓自己想要什么，才会有坚持的动力。这就是有一种坚持意识在支撑着他，不断强化他的学习动力。有了强大的学习动力，自然也就能保持学习自律行为。据此可知，在对大学生群体进行学习自律行为培育过程中，强化他们的学习目标意识是十分必要的。正是在学习目标的引领下，大学生通过自律，掌握更丰富的知识体系，形成独特的学习方法，产生浓厚的学习兴趣，在当下的学习中脱颖而出；大学生始终保持自律，与时俱进地更新自己的知识体系，不断拓展自己的生产生活技能，在未来的生活中终身受益。

四　网络自律行为

网络社会，人们的生活和工作中，网络产品是不可或缺的，得到了公众的高度聚焦，尤其是对青少年群体而言，形成了巨大的吸引力。在网络社会，网络带来的影响是利弊共存的。首先，互联网的出现，使得公众的生活与学习享受到了诸多利好；其次，带来了巨大的安全隐患问题。比如个人信息外泄、木马病毒入侵、网络诈骗行为等，导致人们的信息安全难以获得充足的保障。在此之中，低俗文化与暴力游戏影响了青少年群体的茁壮成长。因为大学生的价值观念尚未定型，自控能力不强，在虚拟的互联网空间，很容易受不良要素干扰，沉迷其中。为确保他们合理上网，减小互联网引发的不良影响，亟须发挥各方教育主体的积极作用，帮助大学生养成网络自律行为，提升大学生网络自律能力。

（一）强化网络自我管理意识

大学生网络自律行为指的是大学生群体在互联网空间，遵循“克己”的原则要求，关注自我管理，重视自我控制，使自身的行为符合网络和社会的规范要求。网络自律的要求与现实社会是完全相同的，均要求行为主体对社会准则等诸多他律内容形成深刻的认识与理解，从而考量到自我的实际需求，对行为作出正确的抉择，实施相应的行动。处于网络社会环境中，大学生群体应当对这种虚拟环境里存在的规则和规范有充分的认知，并且要遵守网络道德规范和法律法规。此外，个体的内在因素也在网络自律养成过程中发挥重要作用，包括思维方式、价值观念、心理活动等。大学生需要通过自律训练和道德修养，不断强化自我的行为约束能力。只有这样，大学生才能在网络社会中更好地发挥主体作用，实现自我管理和自我提升的目标。同时，网络自律的培养，一方面，要求大学生在现实生活里对各项道德准则给予高度认可，严格遵从和践行；另一方面，要求他们对网络规则要积极接纳。一些研究者把外部规则和自律行为结合形成的新自律思想叫作“他律的自律”①。

（二）增强网络自我约束动力

大学生网络自律行为养成的重点体现为调整大学生群体的内在信念，增强网络世界的规范认同动力，化他律为自律。“自律指的是自由地来做好自己，受到自我的思维、意志、状况与特征的引导，这部分东西并非外在力量强制性施加给个人的，它是个人真实自我的重要组成部分。”② 网络自律行为是立足于个体自主选择和内在需求之上的行为模式，其特点在于强调主体的自主性和自我约束力。大学生在养成网络自律行为的过程中，需要根据自己的需求和价值观念，反复选择行为，最终形成内在的意志和自主的行动。网络自律行为并不是强制性的，而是自愿的，它依赖于主体的自由意志和内心认同，反映了

① 王晓梅、丛杭青：《道德自律的形成机制》，《伦理学研究》2016 年第 2 期。
② 徐萍萍：《关于自律内涵的道德哲学辨析》，《道德与文明》2014 年第 3 期。

个体对自己行为的负责任和对社会的认同感。因此，大学生网络自律行为的动力源于主体自愿，如果缺乏主体自愿，就不会形成自律。大学生网络自律行为养成，要求加强他们的网络自律意愿。随着自愿程度越来越高，其自律意愿同样会持续强化。具体来说，体现在他律行为降低、自律行为上升。综上所述，大学生网络自律养成很难一蹴而就，其实要通过从“弱意义自律”过渡为“强意义自律”的复杂化过程。①

五　生活自律行为

当代大学生自律行为养成中，除了关注道德自律行为、网络自律行为、法纪自律行为和学习自律行为外，还需要重视生活自律行为的养成。大学生的日常生活涉及多个方面的内容。其中，最重要的无外乎两个方面，一个是维持自律的个体生活节奏，使大学生可以保持自我生活的健康；另一个是保持自律的社会交往关系，使大学生保持与他人关系的健康。

（一）维持自律的个体生活节奏

在现代社会中，经济快速发展，社会面貌日新月异，为人们提供了丰富的物质生活资料和便捷的生活方式。但是，快速的经济发展也加快了人们的生活节奏，加剧了人们之间的生活压力。这种现代性的生活节奏自然会影响大学生的日常生活。在这种背景之下，维持稳定的良性的生活节奏，是当代大学生亟须解决的一个实际问题。对大学生群体而言，具备稳健有序的生活节奏是其形成自律行为的重要基础。只有自律的行为方式，才能带来稳定的生活节奏。因为，自律行为要求个体按照一定的社会规范和规律展开自己的生活。自律的行为方式决定了大学生不会因为外界的干预随意地变更自己的

① 詹世友：《“自律”与“他律”的哲理辩证》，《道德与文明》1998 年第 6 期。

活动方向与活动方式，这就保证了大学生可以保持一个稳定的生活节奏，形成一幅“敌军围困万千重，我自岿然不动”的生活局面。而且，自律行为也能带来良性的生活节奏。良性的生活节奏就是不紧不松、不快不慢地顺应身心健康的生活方式。个体的自律行为是符合个体的身心健康原则的活动举止。这就意味着不适应大学生身心健康的行为举止，会在大学生养成自律行为的过程中被尽力地排除。其结果就是，大学生可以以一个最适宜的身心健康的生活节奏展开自己的日常生活。

（二）保持自律的社会交往关系

大学生需要坚持自尊自爱，保持良好的社会交往关系。除了维持稳定的良性的生活节奏之外，大学生还需要维持和睦融洽、高度自律的社会交际关系。在大学生活里，大学生身心已经成熟，开始按照成人的世界观与价值观去处理生活问题，参与社会交往。但是，不同个体在社会交往过程中，会得到不同的结果。很多大学生由于缺乏自律的生活行为，往往会忽视他人的情感和利益，在社会交往过程中会伤害他人的身心健康和切身利益。这样的结果就是，不少大学生在社会交往中常常遭到挫折，引起室友关系、恋爱关系、师生关系的紧张。当代大学生生活自律行为养成过程中，最关键的是引导其实施自律的社会交际行为，这对于大学生的日常生活产生重要影响。大学生养成自律的行为习惯之后，就更愿意在社会规范的内部展开自己的日常生活。社会规范是调节人与人社会关系的重要准则。按照一定的社会规范进行社会交往，大学生就会尽力地顾及他人的感受，其行为举止也能够顾及他人的情感和利益。于是，在社会规范指导下，大学生的行为举止就会得到多数人的认可，从而建构良好的社会关系。

总而言之，自律行为养成包括一套完整的培养体系。自律行为养成的目标是制订和实施教育计划的中心轴，所有的自律行为养成都是围绕这一个指挥棒来运转的。当代大学生自律行为的养成目标是提高文明修养、养成健康人格、强化责任担当。不同的目标下面有具体的子目标，从而形成了结构完整的目标体系。在当代，大学生自律行为的养成也有丰富的内容。这些内容立足于大学生的主要生活环境，依据大学生的主要社会活动，围绕大学生自律行为目标而展开。当代大学生自律行为养成的主要内容包括道德自律行为、法纪自律行为、学习自律行为、网络自律行为和生活自律行为。这五个方面的内容相互联系、彼此结合，形成了系统的内容体系。

第六章　当代大学生自律行为养成的评价体系

大学生自律行为养成评价是以大学生自律行为养成教育活动质量提高作为核心目标，它是一种养成教育价值判别与成效考核活动。明确具体的评价原则和目标是建立大学生自律行为养成评价体系的前提和保障。目前，学界研究大学生自律的成果颇多，但关于大学生自律行为养成怎样评价，怎样建立健全成熟的评估指标系统，尚未展开系统化分析。建立切实可行的大学生自律行为养成评价指标系统，明确评价流程、评价内容、评价方式、评价依据等，有利于为评价指标系统的有序运作提供充足保障，是自律行为养成评价的核心内容。

第一节　评价指标的选择与修订

结合当代大学生自律行为养成评价的基本功能，本书遵循方向性与科学性相统一、现实性与发展性相统一、传统性与现代性相统一、全面性与典型性相统一的原则，进行当代大学生自律行为养成评价指标筛选，为当代大学生自律行为养成评价提供依据。

一　评价指标的选择

指标的遴选对于当代大学生自律行为养成评价指标体系的构建具有重要意义。在评价阶段，存在两类差异化行为：第一种是“观察行为"；第二种是"解释行为"。[①] 前者指的是对评价对象的成绩实施考察，对其相关资料予以收集；后者指的是对考察结论与相关资料作出解读，实施价值判别。大学生自律行为养成评价指标需要能够反映出自律行为养成的信息，以便对评估对象作出精准、客观、有效的评判。反映功能是评估指标的核心特点，选拔的各项评估指标应当具有典型性、代表性、有效性、普遍性等特征。

关于当代大学生自律行为养成评价指标的选择，本书主要采用文献分析法筛选出相关的评价指标。构建大学生自律行为养成评价指标系统时，遵循两项重要的原则标准。首先，"从概念剖析的角度切入"，将评价对象的相关含义以推理的形式分解，从而产生相关的各种指数。其次，依据评估目标，对每一项指标的内涵进行界定。根据研究目标的不同，同一指数系统中指数的种类也不尽相同。在选择指标时，应先确定评估的客体和评估要实现的目标。在构建指标系统时，本书对各项指标的组成元素、遴选方法、逻辑架构等均作出了具体的要求，这些指标需要可以彰显出评价系统的总目标。因为对大学生自律行为养成作出评判时，覆盖的内容范畴极为广阔，因此本书的研究主要选取了多维指标。比如描述性、评价性、定性、定量、观察性、主观与客观等指标。科学地评价大学生自律行为养成，就必须掌握关于大学生自律行为养成的大量有用信息，从中选取可以体现大学生自律行为养成的指标和具有一定检测、度量以及评价功能的指标。在理论遴选阶段，要对大量关于大学生自律行为养成的学术成果展开系统化的梳理与归纳，从而对大学生自律行为养成评价的相关指标实施初步遴选。

为防止选取的指标过于单一，本书在对指标进行初步遴选时，主要遵循以下基本原则。

---

① 孙丽丽：《关注动态评价过程，促进学生全面发展》，《教育家》2022 年第 18 期。

（一）科学性原则

对大学生自律行为养成进行评估，是一个庞大而复杂的体系。在评估过程中，由于评估的方式和过程不同，将会出现许多不同的情形。评价结果是否准确，评价体系是否科学，关键取决于评价所遵循的原则。对大学生自律行为养成进行评估，必须坚持科学评价这项重大原则。大量实践经验证实，评价大学生自律行为养成应当根据该群体思想行为演变规律、思政教育客观规律等评判标准。大学生自律行为养成评价中，由于学生的思想特点的改变和在教育教学中所呈现的特定的新特点、新变化，都会对评价活动造成一定影响，而掌握科学的规律是解决这一问题的关键。教育自身的价值是客观存在的，因此，评估工作应以科学的评估标准为前提，使评估工作能更好地体现其客观价值。在制定评估标准、建立评估指标体系、选择评估程序和方法、对评估结果进行分析和说明时，都应该按照科学的原则，并建立在评估数据和信息的基础上。大学生自律行为养成评价所参考的有关学科理论存在显著的普遍性特征，因此对相关评价方式予以应用时，不但要和人文科学等学科的思维模式和研究范式有关，还与统计学、生态学等有关学科的研究范式有关，使用科学的方法来探索各有关理论中的有用结果，将会大大地推动对大学生自律行为养成评价的研究。例如，评价指标的设置必须有典型意义，要有代表性，否则，过于简单或者过于繁杂的评价指标设置，很难实现客观科学的评价。所以，在选择指标时应当遵循科学原则，保障各项指标具备普遍适用性，同时这项原则对论文筛选评价指标提供了清晰的导向。

（二）方向性原则

对大学生自律行为养成的成效进行检验，一定要有清晰的政治方向和教育导向，在设计过程中，应当从学生的行为养成目标切入，确保这项目标和人才培育总目标达到协调统一。一是要有正确的指导思想。对大学生自律行为养成进行评价，其目标是从根本上对其进行提升，而要解决的问题就是："培养什么人?""如何培养人?""为谁培养人?"对大学生自律行为养成进行评估，要把正确的政治方向作为其基本准则，否则，将会对社会产生不利影响。二是以工作为标准。开展大学生自律行为养成评价，是为了规范大学生自律行为养成活动，提高教育质量，良好的评价指标体系可以引导和鼓励其自律行为养成。首先，大学生自律行为养成评价表现出相当的独立性，尤其是设定的评估标准、构建的评价指标系统、采用的评估方式、设计的考核流程方面，独立性相当显著。其次，对于大学生自律行为养成评价，应当具有鲜明的区别，要有独立的目标、方法和内容体系，不能受到学校其他因素的干扰，确保大学生自律行为养成评价的结果精准、可靠、有效，如此一来，才能充分地彰显考评对象的实际状况。三是应当明确具体的教学方向。在大学生自律行为养成评价的目标中，清楚地指出，评价活动是为了更好地建立并设置一套科学、合理的大学生自律行为养成评价体系，从而持续地提高大学生自律行为养成要素的总体效用，对养成教育的理论分析与实践研究给予全方位、系统化指导。所以，评价并非终极目标，其终极目标是通过评价，真正地理解并把握教育的整个过程，并利用评价的反馈，持续地推动并提高大学生自律行为养成工作。只有树立了清晰的教学指导观念，在评价过程中才能分清评价与教育之间的标本关系。

（三）协同性原则

协同性原则是评估的实质，在设计评价体系、设定具体指标、分配标准、开展评价活动等方面，都会不断地体现出协同性。[①] 一是各因素之间的相互影响。在大学生自律行为养成评价过程中，各因素的协同性是关键。大学生自律行为养成评价的目的是提高教育要素效能，

---

① 王培培、于安龙：《高校思政课学习评价体系的建构——以立德树人为价值导向的创新路径探索》，《天津师范大学学报》（社会科学版）2023 年第 1 期。

要素协同本质上是在对大学生自律行为养成作出评价过程中，对相关要素的衍生性与实体性特点给予充分考量，确保这些要素在评价系统运作过程中能够达到高度协同，获得显著的教育成效。单一化要素的功能具有有限性，只有把诸多要素整合起来，彰显协同效应，才能形成一股强大的合力，从根本上提升大学生自律行为养成的实效性。二是时序上的配合。大学生自律行为养成是一个不断发展和深化的过程。对大学生自律行为养成的评价，首先要对大学生自律行为养成的背景、内涵、特点等进行研究，还要对目前的时代背景、学情背景、不同学校的办学特色等进行研究，寻找其内在的联系，保障在时间维度上达到连续。同时从时间的相关度角度来说，不管是大学生自律行为养成的直接还是间接价值，均应当在选举评价指标、明确评价依据与评价方式等维度上，用前瞻性的目光洞察各环节与相关影响因素。三是在时间与空间方面达到高度协同。对大学生自律行为养成评价进行时空上的一致性分析，既可以验证并找到大学生自律行为养成的准确实践价值，又可以为大学生自律行为养成的横向对比提供一条实用的方法论途径。对大学生自律行为养成的评价，是以事实的价值判别作为前提的，要把它和各国各地区的自律行为养成展开系统化的比较分析，同时需要和全球范畴内的教育发展动向保持一致，要与当代大学生的全方位发展达到协调统一，跟随时代的发展潮流，实施自主革新。如此一来，才能够真正地彰显其正向教育引导作用。

基于文献的指标初选，本书尝试构建了大学生自律行为养成评价系统的初稿，其中涉及的一、二、三级指标分别有五个、十六个、三十二个。

二　评价指标的修订

大学生自律行为养成评价指标的选取是否恰当科学和评价结果息息相关。评价指标是指标系统内信息的表征量，能够呈现出各项指标的特征。为此，需要采用科学的方法进行大学生自律行为养成评价指标的选取和调整。为确保各项指标精准、有效、科学，本研究在研究过程中运用了问卷调研的形式对第二轮指标实施遴选，参照专家访谈状况构建了专家问卷调研表。通过电子邮件或微信的形式进行专家函询，并通过 SPSS 26.0 软件系统化地分析了问卷调研结果。对于专家的一般资料，主要以构成比、频数等指标予以表示；针对专家积极性，主要通过问卷回收率作出描述；针对专家权威性，则以权威系数（Cr）予以指代；专家意见协调度以变异系数（CV）和肯德尔协调系数（Kendall W）予以描述，并进行显著性检验。

（一）专家基本情况

本研究从 B 大学、D 大学、Q 大学研究院选取 12 名函询专家。函询专家的入选须符合以下条件：①从事思想政治教育相关领域教学或工作超过十年。②受教育程度为硕士或者之上。③职称等级为副高或者之上。④自主自愿对问卷调研进行参与。⑤能够针对本研究提出比较有见地的意见或建议。专家基本情况见表 6－1。

表 6－1　咨询专家的基本情况

	项目	人数(人)	占比(%)
性别	女	4	33.33
	男	8	66.67
年龄	(35—50)岁	5	41.67
	(50—65)岁	4	33.33
	65 岁以上	3	25.00
学历	硕士	5	41.67
	博士	7	58.33
职称	副高	3	25.00
	正高	8	66.67

续表

	项目	人数(人)	占比(%)
专业背景	思想政治教育	4	33.33
	教育管理类	8	66.67
工作年限	(10—20)年	2	16.67
	(20—30)年	4	33.33
	(30—40)年	3	25.00
	40 年以上	3	25.00

（二）权威程度

专家咨询问卷均发出 12 份，回收有效问卷总量共有 12 份，有效问卷回收率达到了百分之百。这充分表明专家对问卷调研的认同度非常高，参与积极性很高。

运用自我评价法邀请专家对函询问卷的评判根据实施自我评价，结论显示 Ca 值达到了 0.9。而其对问卷了解程度进行评价之后，Cs 值达到了 0.78，据此可知，专家权威程度 $Cr = (Ca + Cs)/2 = 0.84$，超过 0.75 这一阈值，这充分表明专家权威度非常高，值得信赖。

（三）专家意见的协调程度

第一、二轮专家咨询意见协调系数见表 6－2。

表 6－2　前两轮专家咨询意见协调系数

项目	第 1 轮			第 2 轮		
	W 值	χ^2 值	P 值	W 值	χ^2 值	P 值
总体	0.263	464.282	<0.001	0.292	354.167	<0.001
一级指标	0.180	15.129	0.034	0.395	33.198	<0.001
二级指标	0.174	58.297	0.001	0.207	47.234	<0.001
三级指标	0.197	259.623	<0.001	0.194	169.726	<0.001

由上表可知，第一轮各级指标变异系数在0.05－0.35，协调系数为0.263；第二轮各级指标变异系数在0.00－0.15，协调系数为0.292。两轮均P＜0.05，这表明两轮专家意见的协调性较好。

（四）第一轮专家咨询结果

对于首轮专家咨询，基于对专家下发初步编制的问卷调研表，通过对平均数、标准差、变异系数等进行计算来筛选指标。筛选标准是：重要性赋值均数＞3.5分，变异系数＜0.25。第一轮一级指标专家咨询结果见表6－3。

表6－3　　第一轮一级指标专家咨询结果

一级指标	平均数	标准差	变异系数	标准误
组织管理	4.42	1.17	0.21	0.42
目标体系	4.74	0.49	0.14	0.18
教学管理	4.71	0.76	0.16	0.29
协同管理	3.88	1.06	0.28	0.40
个人养成	3.76	1.64	0.31	0.38

通过第一轮一级指标专家咨询结果，专家提出了修改方案，主要是将“个人养成”加入“协同管理”下属指标中，形成“组织管理”“目标体系”“教学管理”“协同管理”四个一级指标。第一轮二级指标专家咨询结果见表6－4。

表6－4　　第一轮二级指标专家咨询结果

评价维度	一级指标	平均数	标准差	变异系数	标准误
组织管理	顶层构架	4.43	1.13	0.25	0.43
	组织构架	4.71	0.49	0.10	0.18
	经费支持	3.45	0.76	0.16	0.29
	师资力量	3.36	1.07	0.28	0.40

续表

评价维度	一级指标	平均数	标准差	变异系数	标准误
目标体系	认知目标	4. 71	0. 49	0. 10	0. 18
	认同目标	4. 57	0. 53	0. 12	0. 20
	践行目标	4. 86	0. 38	0. 08	0. 14
教学管理	教学内容	3. 86	0. 38	0. 08	0. 14
	教学方法	3. 57	0. 53	0. 12	0. 20
协同管理	社会支持	3. 89	0. 45	0. 18	0. 15
	家庭教育	4. 21	0. 47	0. 19	0. 14
	个人养成	4. 33	0. 46	0. 27	0. 24

结合第一轮二级指标专家咨询结果，专家提出添加与修改意见。主要是在教学管理中添加“教学条件”“教学反馈”指标。同时“师资力量”变异系数为0. 28，专家提出修改意见，将“师资力量”并入“教学条件”中。“经费支持”表述不合理，改为“后勤保障”。第一轮三级指标专家咨询结果见表6－5。

表6－5　　　　第一轮三级指标专家咨询结果

目标层	准则层	指标层	平均数	标准差	变异系数	标准误
组织管理	顶层构架	顶层设计	4. 44	0. 12	0. 25	0. 31
		发展规划	4. 70	0. 15	0. 10	0. 21
	组织构架	组织结构	4. 71	0. 26	0. 16	0. 11
		规章制度	3. 84	0. 18	0. 28	0. 09
		行为规范	3. 05	0. 35	0. 29	0. 24
	后勤保障	教学支持	4. 56	0. 53	0. 12	0. 34
		校园环境	4. 81	0. 47	0. 08	0. 25
		网络支持	2. 86	0. 47	0. 34	0. 27

续表

目标层	准则层	指标层	平均数	标准差	变异系数	标准误
目标体系	认知目标	自律行为认知水平	4. 52	0. 46	0. 12	0. 19
		自律行为认知能力	3. 88	0. 38	0. 18	0. 23
	认同目标	自律行为理论认同	4. 21	0. 54	0. 19	0. 24
		自律行为情感认同	4. 33	0. 45	0. 24	0. 15
	践行目标	自律行为意识	4. 41	0. 42	0. 21	0. 15
		自律行为能力	4. 78	0. 61	0. 10	0. 11
教学管理	教学条件	政策支持	4. 75	0. 45	0. 16	0. 08
		师资力量	3. 96	0. 87	0. 21	0. 32
	教学内容	课程建设	4. 31	0. 56	0. 10	0. 24
		实践教学	4. 47	0. 47	0. 12	0. 18
		网络平台	2. 89	0. 49	0. 38	0. 17
	教学方法	课堂教学	4. 86	0. 38	0. 08	0. 21
		课外实践	4. 51	0. 57	0. 12	0. 08
	教学反馈	学生评价	3. 89	0. 43	0. 18	0. 18
		教师评价	4. 21	0. 31	0. 19	0. 23
		领导评价	4. 32	0. 55	0. 27	0. 21
协同管理	社会支持	网络媒体	4. 43	0. 42	0. 25	0. 15
		社会监督	4. 71	0. 46	0. 10	0. 12
	家庭教育	父母教育	4. 71	0. 46	0. 16	0. 14
		家长示范	3. 87	0. 34	0. 28	0. 09
		家庭和谐	4. 71	0. 63	0. 10	0. 13
	个人养成	自主品格	3. 47	0. 45	0. 32	0. 24
		规则意识	3. 35	0. 57	0. 38	0. 24
		坚持精神	3. 36	0. 36	0. 38	0. 19

根据第一轮三级指标专家咨询结果，主要有修改、删除意见。在修改方面，主要是对“个人养成”中的“自主品格”“规则意识”和“坚持精神”进行修改。专家一致认为，这三个指标主要是自律行为结果，并不是养成方法与过程。因此，建议改为“自主”“自控”“自省”。关于“行为规范”指标，专家表示与“规章制度”有意义重合，予以删除。对于“网络支持”与“校园环境”意义重合，予以删除。“网络平台”与“校园环境”存在重合，予以删除。

（五）第二轮专家咨询结果

把首轮结果及时告知专家，邀请他们实施第二轮指标体系的评价。在本轮专家咨询过程中，大部分专家认为这项指标系统的构建是科学合理的，未对指标增设或修正，提供相应的意见。通过展开系统化研究，设计出了大学生自律行为养成评价指标系统，最后筛选出的一、二、三级指标分别是四个、十三个、二十九个。

第二节　评价体系的构建

基于问卷调研，本研究对相关文献资料予以收集，实施隶属度分析，展开实证研究之后，又通过了持续的遴选修正，从而明确了评价系统的核心组成指标。这些指标是为评价目标提供服务的，需要把评价目标逐级细分成可量化指标。在初步建立主要指标的基础上搭建起评价指标体系。随后，本研究又在评价指标体系范围内，构置了综合的评价模型。

一　建立评价指标体系

在大学生自律行为养成评价指标体系设计中，本研究主要从大学生自律行为养成的影响因素与逻辑架构切入，对养成教育相关环节里不同教育要素功能的发挥程度进行系统化研究。在实践领域，养成教育牵涉的主体及客体、采用的教育模式、依附的教育载体、设定的教育内容等相关教育要素内隐式地存在于养成教育实践活动过程。鉴于此，本研究确定了以目标体系、组织管理、教学管理、协同管理等主要维度的大学生自律行为养成评价体系。

（一）目标体系

教育是一个人实现自身价值的过程，对于当代大学生来说，自律行为养成最主要的目标是可以推动个体多层次发展，并将自律行为的要求内化于心。大学生自律行为养成最根本的问题是如何达到自我约束行为的教育目的，这也是这项教育活动的出发点、依据和归宿。所以，对大学生进行自我约束行为养成的评价，就必须对其进行全面的、系统化引导。

大学生自律行为养成评价的目标有别于大学生自律行为养成的目的。从本质上来说，目标是立足于目的这一前提之下提出的。它的存在价值在于达到预期目的，对教育活动的目的进行统筹支配。从目标层的角度而言，课程系统致力于追求的目标则是解决好课程教学过程中教育信息传输有效性这一问题。本书在对大学生自律行为养成教育问题进行分析探讨过程中，设定的教育内容主要有三层：一是认知目标，二是践行目标，三是认同目标。上述三项维度可以立足于差异化的层级呈现出大学生自律行为教育目标的完成程度。大学生自律行为养成评价的认知目标是指大学生对于自律的认知和理解程度，即大学生对自律行为的了解程度。这个目标的实现需要通过对大学生自律的定义、特点、重要性、途径等方面的宣传和教育，让他们深入理解自律行为的内涵和意义。大学生自律行为养成评价的认同目标是指大学生对自律的认同和接受程度。这个目标的实现需要通过课程设置、校园文化建设等方面的努力，让大学生认识到自律对于个人成长和未来发展的重要性，并接受自律行为的理念和价值观。大学生自律行为养成评价的践行目标是指大学生的自律行为实践程度。这个目标的实现需要通过大学生的实际行动来体现，如遵守规章制度、按时完成学习任务、自我管理等。通过实际行动的践行来体现大学生对于自律行为的认知和认同，同时促进大学生的自我成长和发展。

（二）组织管理

大学生自律行为养成需要高校在组织管理方面给予保障。在大学生自律行为养成评价中，学校组织管理指标具有重要意义。一方面，学校的组织管理能力是保障学生自律行为养成的基础。学校组织管理能力的好坏，直接影响学生在校园中是否能够形成合理的行为规范和行为习惯。如果学校组织管理不善，那么学生会失去自律的方向和目标，从而导致自律行为养成的失败。另一方面，学校组织管理能力是评价学校教育质量的重要指标之一。学校能否有效地组织和管理学生的行为，直接反映了学校教育管理水平和学校文化建设成果。如果学校的组织管理能力较弱，不仅会影响学生的自律行为养成，也会影响学校整体的教育教学质量。因此，学校组织管理指标对于评价大学生自律行为养成具有重要意义。综合前文指标筛选，本研究最终确认采用顶层构架、组织构架和经费支持三个层次。学生自律行为养成评价的组织管理确实需要顶层构架、组织构架和经费支持。这是因为顶层构架（如学校、政府等）能够提供政策和规划，以便制定评价标准和指标，并提供资源和支持来保障评价的有效开展。组织构架（如评价机构、专家团队等）能够提供评价技术和方法，确保评价的科学性和客观性。经费支持能够保障评价的顺利进行，如用于设备、培训、数据分析等方面。同时，这三个方面的支持也可以相互促进，形成良性循环。顶层构架和组织构架的支持可以提高评价的科学性和有效性，进而吸引更多的经费支持；而经费支持可以提供更好的评价条件和设备，进一步提高评价质量和可信度，也更容易得到更多的顶层构架和组织构架的支持。

（三）教学管理

在进行大学生自律行为养成教育过程中，教学工作的组织和运行是极为重要的一环。首先，学校教学管理的有效性直接影响学生的学习效果和成果，学生在优质的教学环境下接受教育能够更好地掌握知识和技能，从而有利于其形成自律的学习态度和习惯。其次，学校教学管理的规范性和严格性能够约束学生的学习行为，促使他们遵守学习规则和纪律，自觉履行学习义务，从而更有可能养成自律行为。最后，学校教学管理还能为学生提供多样化的学习资源和机会，帮助学生充分发挥个人潜能，拓展个人兴趣爱好，激发自我动力和学习热情，进一步提高自律行为的养成水平。因此，学校教学管理指标在大学生自律行为养成评价中具有重要意义，它能够为学生提供良好的学习环境和条件，规范学习行为，提高学习成效，促进自律行为的养成。本研究设计的大学生自律行为养成评价指标系统，计划采取定量分析与定性分析等诸多评价手段，全方位、系统化地把握大学生自律行为养成现状，期待可以参照评判结果对高校的教学体制、教学模式做出优化与改进，使得这项养成教育任务能够圆满完成，继而充分激发教育工作者的教育自觉性与主动性。因此，本研究从教学条件、教学内容、教学方法、教学反馈四个层次进行教学管理的全面诊断与检查。首先，教学条件是大学生自律行为养成的基础，包括教学设备、场地、图书馆等。良好的教学条件可以为学生提供舒适的学习环境和便捷的资源获取途径，促进学生对自律行为养成的认知和践行。其次，教学内容是大学生自律行为养成的重要组成部分，包括自律行为的概念、内涵、特点、影响因素等。教师通过丰富多样的教学内容，学生才能全面了解自律行为的相关知识，深刻理解其重要性，从而增强对自律行为的认同。再次，教学方法是大学生自律行为养成的关键所在，包括授课方式、互动形式、讨论策略等。教师采用适当的教学方法，能够激发学生的学习兴趣，增强学生的学习参与度和学习动力，有助于学生积极投入到自律行为养成过程中。最后，教学反馈是大学生自律行为养成的重要保障，包括考核方式、评价标准、反馈机制等。教师只有及时、准确地向学生反馈其学习成果，帮助学生发现自身的不足和优势，适度调整学习策略，才能够有效地促进大学生对自律行为的认知和践行，提高学生的自律行为能力。

（四）协同管理

大学生自律行为养成是一项协同性工程，不仅需要高校的教育引导，还需要社会、家庭以及个人的支持。社会支持、家庭教育和个人培养可以相互促进，帮助大学生全面发展，从而培养出全面的自律能力，不仅在学习上自律，同时也在生活、情感、人际交往等方面都能自律。具体来说，社会支持、家庭教育和个人培养可以帮助大学生建立正确的自我管理观念和行为习惯，促进其主动、自发地对自己的行为进行管理，提高自我控制能力和自我监督意识。社会支持、家庭教育和个人培养可以帮助大学生进行自我反思，及时发现自身存在的问题，调整自身行为和心态，逐步形成良好的自我调适能力。社会支持、家庭教育和个人培养可以协同管理，以便建立一个健康的成长环境，帮助大学生远离不良习惯和消极行为，营造出积极向上、健康向善的氛围，提高大学生的自律意识和行为水平。因此，社会支持、家庭教育和个人培养的协同管理可以促进大学生全面自律，提高自我管理和自我调适能力，建立健康的成长环境，进而实现大学生自律行为养成目标。因此，本研究选择以社会支持、家庭教育、个人养成为主要层次的协同管理指标。首先，社会风气和网络环境对大学生自律行为养成产生重要影响。社会风气是指社会公认的价值观和行为规范，而网络环境则是指人们在网络上的社交互动和信息获取。社会风气和网络环境中的正面价值观和行为规范，如尊重他人、助人为乐、勤奋学习等，可以潜移默化地影响大学生的自律行为养成，促使他们形成积极的自我约束和规范意识；相反，如果社会风气和网络环境中存在消极、不健康的价值观和行为规范，如不劳而获、以攻击他人为乐、游戏成瘾等，就会对大学生的自律行为养成产生负面影响，导致学生缺乏自我约束和规范意识，甚至产生逆反心理。因此，社会风气和网络环境对于大学生自律行为养成具有重要的影响作用。其次，家庭教育也是影响大学生自律行为的重要因素。父母的言传身教、家庭氛围以及教育方式等都会对大学生的自律行为产生深远影响。例如，父母的监督和引导可以帮助大学生养成良好的习惯和行为，培养大学生的自律意识和自我控制能力。最后，个人养成是大学生自律行为养成评价的重要方面。个人养成包括学生自身的学习和生活态度、价值观和人际交往等方面。例如，大学生的自信心、责任感和积极性等都需要通过个人养成得以提高。这些方面的提高可以帮助大学生养成良好的自律习惯，提高其学习和生活质量。

在大学生自律行为养成评价指标选取方面，通过分析可知，各项指标在横向与纵向维度上具有密不可分的关系。从横向角度来说，各项指标的明确可以充分地彰显自律行为养成各维度的彼此约束关系；从纵向的角度来说，能够全面地反映出各项目标层级具有的包含联系。另外，各项指标间具有显著的边界模糊问题，所以为确保用少部分指标与少量层级的系统对大学生自律行为养成管理维度的逻辑架构进行全面展示，本书遵循了整体最优这项原则来建立指标系统，选取的相关指标见表 6－6。

表 6－6　　大学生自律行为养成的管理维度指标

维度	目标层	准则层	指标层
大学生自律行为养成管理评价指标体系（A）	组织管理（B1）	顶层构架（C1）	顶层设计（D1）
			发展规划（D2）
		组织构架（C2）	组织结构（D3）
			规章制度（D4）

续表

维度	目标层	准则层	指标层
大学生自律行为养成管理评价指标体系(A)	组织管理(B1)	经费支持(C3)	教学支持(D5)
			校园环境(D6)
	目标体系(B2)	认知目标(C4)	自律行为认知水平(D7)
			自律行为认知能力(D8)
		认同目标(C5)	自律行为理论认同(D)
			自律行为情感认同(D10)
		践行目标(C6)	自律行为意识(D11)
			自律行为能力(D12)
	教学管理(B3)	教学条件(C7)	政策支持(D13)
			师资力量(D14)
		教学内容(C8)	课程建设(D15)
			实践教学(D16)
		教学方法(C9)	课堂教学(D17)
			课外实践(D18)
		教学反馈(C10)	学生评价(D19)
			教师评价(D20)
			领导评价(D21)
	协同管理(B4)	社会支持(C11)	网络媒体(D22)
			社会监督(D23)
		家庭教育(C12)	父母教育(D24)
			家长示范(D25)
			家庭和谐(D26)

续表

维度	目标层	准则层	指标层
大学生自律行为养成管理评价指标体系（A）	协同管理（B4）	个人养成（C13）	自主（D27）
			自控（D28）
			自省（D29）

构建大学生自律行为养成评价指标体系的目的是对大学生自律行为养成活动的组织执行状况形成全局的认识与理解。养成教育的核心目的在于加强大学生的自律意识，提升他们的自律能力，帮助他们成为理论素养极高、专业能力突出的自律型人才。培育优秀人才的核心途径是高度依附于自律行为养成管理层面上的设计、组织、执行、运作等一系列环节，所以大学生自律行为养成管理层面上的评价，主要是从两项维度切入实现的：一是评价用途，二是评价功能。它是对养成活动管理工作所做的全方位、系统化评价。

首先，目标层。在大学生自律行为养成教育过程中，教学管理和教学活动之间具有密不可分的关系。想要确保养成教育工作稳步推进，那么构建健全成熟的人才培育体制，科学有效的教学管理制度，实施系统化的组织管理工作是不可或缺的前提。对大学生自律行为养成管理维度各项工作进行评价的最终目的是服务于大学生自律行为养成，从管理的角度促进和保障自律行为养成的有序运行。

其次，准则层。准则层的设定以自律行为养成教学管理工作的核心环节作为参考依据，立足多元化的维度对目标层予以构造。从组织管理层面来说，主要涉及顶层设计、组织结构、经费保障等内容。从教学管理的角度看，既包括教学内容、教学方法、教学反馈，也包括政策支持、师资团队建设等。总的来说，准则层包括教学运作的全过程。

最后，指标层。对教学工作所作的评价旨在优化教学质量，推动学生实现全面发展，强化他们的综合素养。本书设定的指标层包括二十九项指标，主要从认知能力、规章机制、组织架构、课程开发、实践执行、成效反馈等维度切入，对教学活动实施的全过程给予了高度重视，做了系统化分析。指标层能够为大学生自律行为养成目标的设定、教学模式的优化奠定坚实基础，从而提升大学生自律行为养成的针对性和实效性。

综合上述分析，本书构建的当代大学生自律行为养成评价体系不仅关注高校的主导作用，而且引入家庭、社会、个人等相关因素。各类指标之下，依次设定了通过反复检验的二、三级指标，各项指标都非常清晰明了，具有良好的可行性。同时，本研究的咨询专家在大学生自律行为养成这一研究领域具有丰富的实践经验和深刻的认识，权威度非常高。对各项指标予以遴选，主要以指标重要性、数据可得性作为评价依据，参照专家作出的评分，对平均数、变异系数以及标准差等进行核算，且全面地检测了专家意见的协调系数。本研究根据专家提出的意见来优化与修正各项指标，所以从建立指标系统的方法论层面来说，选取指标的流程科学恰当，评价结果的精准度具有保障。

二　构建综合评价模型

权重是评估评分的基础，是评估指标在该体系中的相对重要性的参考依据。在实施评估时，各项指标权重的配置、核算与修正非常关键，且能够呈现不同指标在评价体系内具有的作用与意义、做出的贡献等。为真正明确大学生自律行为养成评价系统中各级指标对自律行为养成的影响程度，需要对各项指标进行权重分析及一致性检验。

（一）基于层次分析法的指标权重的确定

在确定指标的权重时，通常包含两个方面，一个是主观的，一个是客观的。在对各项指标权重予以配置过程中，可采取专家会议法、专家咨询法、专家排序法、层次分析法、两两对比法、对数加减法。这些方法是一种互相关联的数学方法，它们在选取合适且数量充足的相关性稳定问题上具有很大的优越性。通过比较，本研究主要采用层次分析法（Analytic Hierarchy Process，AHP）确定各项指标的权重。

成分分析（AHP）是美国萨蒂教授在20世纪初提出的一种基于层次的权重的决策分析法。该方法利用合成，将决策流程进行数字匹配，使复杂的决策问题得到简化。① 层次分析法的特点是，通过对一个复杂的决策问题的综合和深刻的本质剖析，寻找一个简单的方法来量化和复杂的决策系统。对一个具体问题进行系统性研究，往往会遇到一个相互关联、相互制约的复杂系统。萨蒂教授创建的层次分析法正是针对这一问题而提出的，它能使人们更容易地进行决策，从而更好地处理复杂的体系问题。在此基础上，对各决策项目各因素进行权衡，并以各因素的重要性为依据，对各因素进行权衡，从而判断各因素的优劣。总之，AHP将问题的本质和企业管理者的目标分为几类，然后按照它们之间的相关性和隶属度，构成一个多水平的分析框架，最终将问题归纳为最低水平与最高水平之间的权值。利用AHP方法可以将难以定量化的定性评估转变为定量评估，然后在对比的基础上，确定各个指标的权重系数。在大学生自律行为养成评价中，基于前文指标筛选，构建系统层次结构，如图6－1所示。

因为层次分析法在实施判别时一般高度依附专家学者的主观经验，各个学科领域的专家在作出判别时，如果掌握的社会经验、行为偏好存在差异，则判别重点同样会相差悬殊。②

① 许树柏：《实用决策方法：层次分析法原理》，天津大学出版社1988年版。

② 郭金玉、张忠彬、孙庆云：《层次分析法的研究与应用》，《中国安全科学学报》2008年第5期。

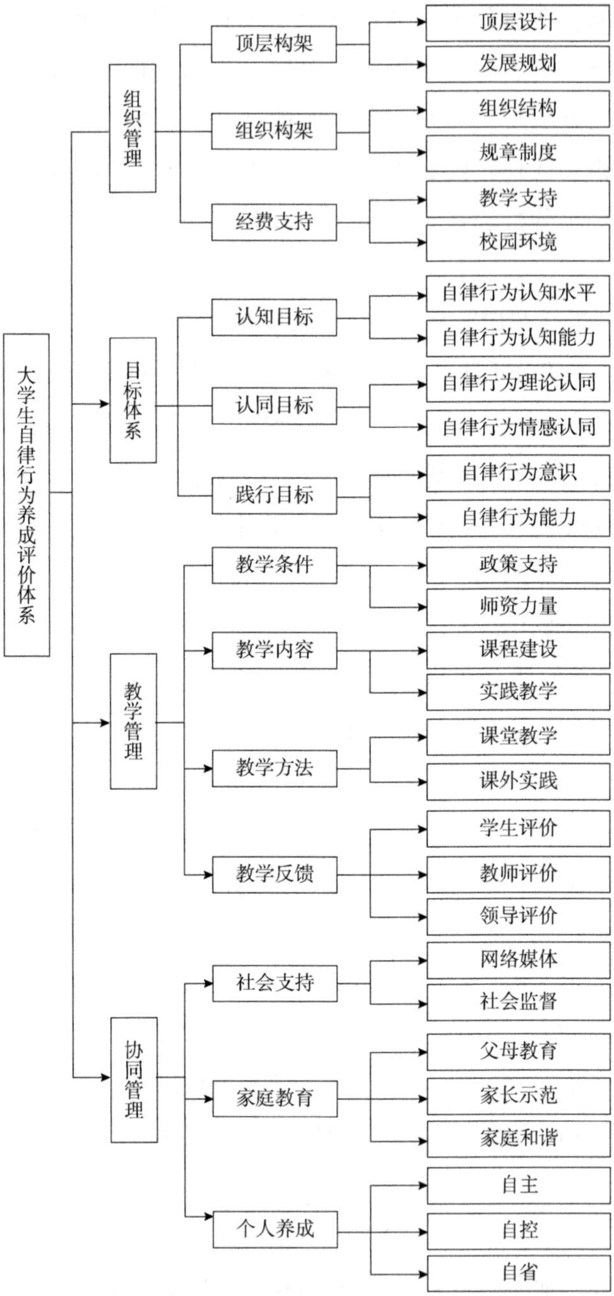

图6－1　大学生自律行为养成评价层次结构

1. 建立多层次结构模型

本研究对存在的问题实施评价，对诸多影响要素予以归纳，参照不同要素的性质，对要素进行归类，并将其自上而下分为不同的层级，底层的影响因素以高层的影响因素为主。

2. 构建对比矩阵

在分层模式的第2层，对同一层的各因素，采用1—9的比值，采用成对比值法，建立对比值矩阵，直至下一层。这是层次分析法中的一个重要环节。根据对重要程度的评价，组成下列矩阵。

对判断矩阵A进行构建时，应当采用如下形式，见表6－7。

$$A=\begin{bmatrix} a_{11} & a_{12} & \cdots & a_{1n} \\ a_{21} & a_{22} & \cdots & a_{2n} \\ \vdots & \vdots & \vdots & \vdots \\ a_{m1} & a_{m2} & \cdots & a_{mn} \end{bmatrix}$$

表6－7 判断矩阵

A	A_1	A_2	…	A_n
A_1	A_{11}	A_{12}	…	A_{1n}
A_2	A_{21}	A_{22}	…	A_{2n}
…	…	…	…	
A_n	A_{n1}	A_{n2}	…	A_{mn}

在此之中，$A_{ij}(i=1,2,\cdots,m;j=1,2,3\cdots,n)$。描述了对于$A$而言，影响要素$A_i$对于$A_j$的相对重要性数值表现。通常情形下，$A_{ij}$以1—9标度法呈现，利用专家作出的评价来获取评分，各级标度内容见表6－8。

表 6－8　　影响因素相对重要性评价

尺度	定义	说明
1	重要程度相同	对于上个层级的某类要素：下个层级两类要素同等重要
3	重要度略高	对于上个层级的某类要素：下个层级的两类要素重要度略高
5	重要度很高	对于上个层级的某类要素：下个层级的某类要素和另一类要素对比重要程度较高
7	重要度非常高	对于上个层级的某一要素：下个层级的一类要素和另一类要素对比，重要程度非常高
9	重要度绝对高	对于上个层级的某类要素：下个层级的一类要素和另一类要素对比，重要度绝对高
2、4、6、8	重要度是尺度 1、3、5、7、9 的中间点	在 1、3、5、7、9 这些尺度中，在两两尺度间难以评价的平均定量标准
上述不同尺度的倒数	反比	倘若 i 和 j 比较为 A_{ij}，那么 j 和 i 的比较为 $1/A_{ij}$

3. 核算权向量，实施一致性检测

针对不同的成对比较矩阵，对其相对特征向量与最大特征根予以核算，采取随机一致性标准、一致性比率、一致性标准对这些矩阵实施一致性检验。倘若检验结论表明通过，则特征向量（归一化后）即是权向量。倘若检验结论表明未能通过，则必须重新对成对比矩阵进行构建，对于判断矩阵具有 $A_{ii}=A_{jj}=1$，$A_{ij}=1/(i,\ j=1,\ 2,\ \cdots,\ n)$，则需要对各项数值进行定义，定义方式为参照相关的信息，根据专家提出的意见，在展开系统化研讨之后来明确。基于对判断矩阵特征向量及最大特征根进行求解，从而明确各要素的相对权重，对各项要素的内在关联进行研究，据此对权重实施评价。基于求得判断矩阵 A 的本征值及其本征值，并将判定矩阵 A 按照最大的本征值与本征值进行转换，在此基础上获得判断的权值。

本研究主要应用 Matlab 求解，具体步骤体现为：参照判断矩阵 A，对最大特征根 λ_{max} 进行核算，并且存在：

$$AW = \lambda_{max} W$$

其中，A 代表的是判断矩阵，λ_{max} 代表的是最大特征根，W 代表的是特征向量。

在 Matlab 之内，λ_{max} 具体核算公式体现在：

$$[v,\ d] = eig(A)$$

$$\text{lanmta\_ max} = \max[\max(\text{d})]$$

W 的具体核算公式体现在：

$$[v,\ d] = eig(A)$$

$$W = v(:\ 1).\ sum[v(:,\ 1)]$$

得到 λ_{max} 值之后，对它的一致性指标予以核算，具体的检验步骤如下所示：

首先，对一致性指标予以核算；

$$CI = \frac{\lambda_{max} - n}{n - 1}$$

伴随 CI 的下降，一致性会上升；当 CI 为 0 时，整个判断矩阵就会保持一致。但是，由于网络中的不稳定因素，网络中的一致性偏向问题显得非常棘手，是不容规避的。因此，如果对判断矩阵实施一致性检测，则需要对 CI、RI 予以对比，在此基础上获得一个匹配的 CR 指数。

其次，对相对一致性指标予以核算；

$$CR = \frac{CI}{RI}$$

纵观上述公式，其中 RI 代表随机一致性指标，它和 A 判断矩阵的阶数具有相对性关系，这意味着伴随矩阵阶数的上升，一致性随机偏离概率同样增长，二者之间的相对性关系见表6－9。

表6－9　　RI标准值

阶数	1	2	3	4	5	6	7	8	9
RI	0	0	0.6	0.9	1.12	1.24	1.32	1.41	1.5

注：各项标准不一，则RI对应的值同样存在小幅度偏差。

倘若 CR 小于0.1，则意味着判断矩阵 A 和一致性检测标准是完全契合的，特征向量（归一化后）即权重向量；反过来说，必须对此部分的各项判断矩阵实施修正，确保其可以和层次总排序的一致性检测要求相契合。

对 W 及 λ_{max} 进行核算的步骤如下所示：

首先，参照罗列归一化对判断矩阵 A 里涉及的一些元素进行管理；

$$\overline{A_{ij}} = \frac{a_{ij}}{\sum_{k=1}^{n} Aki}, k = 1,2,\cdots,n$$

其次，对判断矩阵 A 实施加权平均之后，从而明确向量 W。

最后，对特征根 λ_{max} 予以核算。

$$\lambda_{max} = \frac{W_i}{n\sum_{j=1}^{n}(AW)i}$$

（二）基于模糊评价法的综合评价模型

为了对专家意见的一致性实施检测，本研究在进行分析时，应用SPSS 22.0统计工具来进行测验。对指标进行权重求解是一个主客观相结合的过程，若不进行权重计算，将导致各指标的权重相等，从而使指标在指标体系中很难体现其相对重要性的数量。综合评估模式是一种对被评估目标的各项指数资料进行综合分析，并得出评估结果的一种算法。目前常用的有权重模糊综合评价法、因子分析法、数据包络分析法等评价方式。

模糊综合评价法从多个指标层次上，对被评估目标的从属等级状况进行全面评估，将评估范围进行划分，不仅考虑到评估目标的等级关系，还体现出评估准则和影响因子的模糊性。在此基础上，通过对个体的主观感知展开研究，确保评估结果精准、可靠、有效，和现实达到高度契合，这种核算方式存在较强的系统和明确的结果，可以有效地解决模糊和难以量化的问题，适合各种类型的不确定性问题。在此基础上，该方法与 AHP 的权值计算相结合，建立大学生自律行为养成的模糊综合评价模型，以便实现对大学生自律行为养成的综合评估。

一级模糊评价模型的构建

（1）评估目标要素集合的选择

将 $U=\{ul、u2、n\}$ 作为被评估目标的评估指数，n 为评估指数的数量，并通过建立的指数系统来确定。

（2）为被评估的目标制定一套评论

假设 $V=\{vL、v2、vm\}$ 为评估人员对被评估目标做出的各项综合评估的综合评估值。本研究设定了五个级别，分别是 {100、80、60、40、20}，也就是说，$V=(100、80、60、40、20)$。

（3）确定评价因素的权重向量

为了对大学生自律行为养成评价指标内不同要素的重要性进行明确，将 $W=(W_1,W_2,\cdots,W)$ 作为加权值，W_i 代表第 i 个要素的权值，存在 $W_i<1$，$\sum W_i=1$。W 代表的是不同要素的重要性，实施综合评估过程中，各类要素的权重对评估结果有较大影响，而权重的高低则会造成较大差别。

（4）建立模糊关联矩阵 R 的单因子模糊评判

将每个因素 Ui 逐个量化，也就是用一个因子 i 来决定被评估对象在不同层面上的模糊子组的从属程度，从而得到一个用 R 表示的 Fuzzy 关系矩阵。

$$\boldsymbol{R} = \begin{bmatrix} r_{11} r_{12} & \cdots & r_{1j} \\ r_{21} r_{22} & \cdots & r_{2j} \\ \vdots & \vdots & \vdots \\ r_{i1} r_{i2} & \cdots & r_{ij} \end{bmatrix}$$

其中，r_{ij} 代表根据因子 u_i 对被评估目标的隶属程度的子集 v_j，利用模糊向量 ri 描述被评估目标的性能，作为单一因子评估矩阵的 r_i，它可以被视为要素集合 U 与评估器 V 的模糊关系，也就是各影响因子与评估目标二者间的恰当关系。

（5）利用模糊综合评价法，把权重集 W 和模糊关系矩阵 R 整合起来，从而对特定评价对象的模糊综合评价结果 B 予以明确，也就是说，

$$B = W * R = \{W_1, \quad W_2, \quad \cdots, W_k\} \begin{bmatrix} r_{11} r_{12} & \cdots & r_{1j} & \\ r_{21} & r_{22} & \cdots & r_{2j} \\ \vdots & \vdots & \vdots & \vdots \\ r_{i1} & r_{i2} & \cdots & r_{ij} \end{bmatrix}$$

第三节　评价体系的实施

现阶段，高等教育在社会中实现了全面普及，传统的教育模式发生了巨大变化，由追求扩大规模这种外延式发展，转为关注教学质量的内涵式发展。大学生自律行为养成评价体系的设计正是着眼于构建差异化、多元化的评价体系，强调对高校多元化人才培养质量的评估。大学生自律行为养成评价体系的运行就是构建的评价指标体系具体实施的过程。各类大学在培育大学生自律行为上的实际状况和成效，主

要通过评估指标系统反映出来，这个过程是从整体的角度进行统筹协调的过程，不但包含评估指标系统构建的过程，而且包含评估主体、方式、步骤、流程等诸多内容。

一　确立评价主体与对象

明确评价主体是当代大学生自律行为养成评价工作高效开展的根本保证。第四代教育评估理论认为，教育评估应当是一种在价值议题上，由评估者和被评估者进行平等磋商的一个过程，评估活动是建立在评估者和被评估者充分交流和互动基础上的。在实施教育评价工作过程中，评价主体的选取非常重要。本研究从两个维度明确评估主体：一是政策性根据，二是操作性根据。

（一）政策性依据

一直以来，我国高等教育把经济增长、政治发展、社会进步视作教育的切入点，具有十分显著的“社会本位价值取向”，过度关注教育的社会工具性价值，以期通过发展高等教育为社会发展助力。在实施教育评估时，本研究主要采用了将社会需求能否被实现作为重要评价标准的一种评价方式，其发展经历了由将遴选评优作为核心过渡为将服务学校发展作为重点的过程，全面彰显了“以评促改、以评促建、以评促管”的评估特点。大学生自律行为养成评价以大学生群体自律行为养成为研究对象，因各类高校的办学方向、学科类型不一，从而在养成教育上存在显著差别，使得各类高校对自律型人才综合素养作出的培育要求也相差悬殊。同时，大学是极具代表性的利益相关者机构，很多利益主体对高校教学质量的要求是不同的。长久以来，具有显著的“政校不分”“教评不分”问题，导致政府既扮演办学主体的角色，又肩负评价主体的职能，决策、执行与监管集于一身，所以政府未能对广大师生的主体地位给予高度重视。随着各级政府机关对变革工作的稳步推进，现阶段大学教学教育评估工作的整体走向为管、办、评相分离。将来各类大学会逐步掌握办学自主权，充分凸显教师与学生所享有的主体地位。[①]

（二）操作性依据

纵观现阶段教育的发展环境可知，以政府为主导来开展评价活动能够充分地展示出大学生自律行为养成评价工作的权威与信誉，有助于社会各界充分聚焦于评价活动。但是，政府是独立的评价主体，政府实施的评价行为会导致其他行政化问题出现。针对大学生自律行为养成的评价而言，它以教学活动的某个具体内容为对象，即学校培养高素质人才的素质。所以，评价实践的根本在于应对以教育质量多元为基础、以科学合理的分类体系为依据、以大学适切归类为前提。从评价的价值目标角度来说，必须充分彰显学校的主体地位，激励并引导诸多专家自觉参与其中，提出合理化意见与建议，帮助大学作出精准的发展定位，实施客观的评价，确保评价工作具有有效性。[②]

简单而言，为保障大学生自律行为养成评估工作的顺利开展，有必要建立专门负责评估的组织机构和配备相应的工作人员，其中，相关工作人员应包括教育行政部门负责人和思想政治教育方面的专家。大学生自律行为养成评估的组织机构及成员是本研究评估活动实施的主体，同时还是组织、执行、管理评价活动的重要主体。这些组织成员一方面应当具备高尚的品德，另一方面需要掌握扎实的理论知识，对教育事业秉承一颗挚爱之心，对教育评估工作积极参与，这样才可以作出客观公正的评价。评价主体的专业能力和综合素质对评价过程及结果产生显著影响。其需要掌握评价指标系统构建的相关理论知识与应用方式，搜集大量精准有效的评估信息，具备对评价信息进行加工、对评价结果进行分析等技能。另外，还要

---

① 栾宝锋：《浅析过程评价的多元化评价方式改革》，《高考》2022 年第 11 期。

② 王婷婷：《基于系统思维的高校思想政治教育评价体系建设》，《佳木斯大学社会科学学报》2022 年第 6 期。

强调评价主体成员具有较好的心理品质、善于听取各方面的建议、积极接纳专业人士提出的合理化意见，加强评估活动的民主性和公平性，做到客观公正。

二　明确评价方法与程序

为了更好地实施评价体系，需要有一个明确的评价方法。只有这样，才能检验评价的指标是否合乎逻辑，才能测评评价体系的建构是否科学。除此之外，还应该对评价整体工作进行统筹安排，明确评价的程序。

（一）评价方法

实施大学生自律行为养成评价工作，需要组建专门的评价组织机构，制定评价规划与方法，对评估工作的开展提供必要的引导。在设定评价方式时，应当力邀一些教学能力突出、管理经验丰富的专家参与其中，作出系统化评价。具体方式包括听取汇报、实地考察、深度访谈、查阅资料、专家评审等。

1. 听取汇报

通常而言，在实施评估活动之前，学校应进行自行评价，这样才能掌握学校的真实状况。具体体现为对学校在大学生自律行为养成教育上获得的成果、存在的问题进行系统化的自我评价，依据学校的发展现状，编制完善全面的《自评报告》。自我评估是评估活动有序推进的必要保障，是学校优化自律行为养成教育的重要手段。评价活动不仅对大学生自律行为养成成果进行衡量，还对学校顶层设计、计划、运作、监管等相关状况进行了系统化考核。《自评报告》是对学校各项教育教学工作成果所做的反思与归纳，是从学校的角度对养成教育结果进行的自我评价与判别，能够彰显出学校对评估工作的认知与理解程度。

听取汇报是由专家对高校有关大学生自律行为养成的教育状况及

成效进行评判的一个重要依据。自评报告应反映学校在大学生自律行为养成上的价值取向、目标追求、责任划分、教育成效的客观评判。只有优化人才培育质量，积极发挥学校的主体性，对人才培养目标作出精准定位，才能对学校的人才培养成果作出客观的自我评估，从而取长补短，完善自我。另外，专家在听取汇报过程中，应当对学校的办学目标、教育成果、发展动向等进行全面的了解，这不仅有助于专家提高工作效率，对学校的发展瓶颈和存在的问题进行清楚的剖析，也可以为在评估过程中，对问题作出精准的定位，采用有效的方案解决问题。在自我评估报告里，涉及了诸多数据信息，这是将来专家实施评价应当注意的一个重要方面。专家倾听汇报以后，必须明确评价的侧重点。

2. 实地考察

邀请专家到学校进行实地考察，是学校评估工作的一个实践性步骤。专家到学校进行综合评估并展开针对性检查。专家在现场调研过程中，通过“看课”“交流”和“深入访谈”等方式，可以更好地掌握教师的教学状况。大学生自律行为的养成，主要包含于大学生的思想政治理论课堂上，所以，专家在听课的时候，要着重检查的就是设定的教学内容。检查教学内容能否呈现大学生群体的价值观、实践观、道德观、法治观等，考察各项教学模式是否科学合理，评判教学成效是否达到最优等。除此以外，专家应当对学生学习表现成果等实施考察。例如，学习态度、课堂纪律、对学习的反应、教师与学生之间的互动沟通等。专家在听课这一过程中有利于把握大学生自律行为养成方面的教学管理情况、目标系统课程构建情况等。针对各个层级学生自律行为养成存在的差异性，大学生在学习过程中，要深入拓展学习范围，另外还要将学习类别的多样化特征反映出来。

3. 深度访谈

深度访谈是指深入学校和广大师生、学校领导进行积极的沟通与互动。通过实地的形式调研学校的办学环境、基础设施建设状况、教学质量状况、学生活动情况等。唯有实施深度访谈，才能真正地挖掘出学校的发展现状，进而对学校的教学条件是否可以满足教育变革的要求进行综合评判。在评价过程中，深入访谈是一个很关键的部分。通过和学校重要领导、广大师生、企业管理者等群体展开互动与沟通，能够对学校的真实状况有更深刻的认识。为了防止采访者的游戏心态，在采访结束后，需要对获得的信息进行整理和分析，以达到去除虚假的目的。通过实施深度访谈，以教学状况调研为核心主题举行多种形式的交流探讨会议，邀请广大师生、学校领导共同参与其中，是了解学校有关大学生自律行为养成管理和教学实施情况的重要途径。

4. 查阅资料与专家评审

查阅资料表示的是利用学校的档案室、图书馆等渠道，收集大量的信息资料，从而对学校的办学状况有所了解，这是一项非常繁重的工作，因此，专家组在进入学校之前，应当做好各项工作。在进入学校考察之后，专家组要合理分配人员，根据评价方案逐一查阅。通过阅读支持资料，可以对自评表中包含的相关内容实施评估。本研究建议专家组应当对三项维度的资料予以收集和查找：首先，支持资料；其次，毕业课设、试卷等；最后，学校编制的人才培育规划及方案。大多数支持资料都是以审查元素为依据，所以专家在查阅资料时，要注重从支持资料中获得所需资料。毕业论文/设计及考试试题的编写，以“点”与“面”相结合为重点，以寻找共同的问题为核心。基于查阅学校编制的人才培育规划及方案，有利于掌握学校人才培育现状和评估目标存在的差距，明确学校教学管理的缺陷，有助于学校提高教学质量。

专家评审是指根据评估项目、评估重点等内容，在对大学生自律行为养成评估结果进行全面评估后，再由专家对评估结果进行综合评估。在评估工作中，应按照专家的专业特点，确定评估的重点，评估的过程是信息交流和综合评估的过程。学校在开展评价活动过程中，应当以日为单位召开经验分享会议，使所有专家能够共同分享每日的感受、体会，共享各类信息以及工作成果，评价的核心目的在于查找不足，弥补缺陷。专家评审不仅要对其进行系统化研究，明确问题的症结，同时应当制定切实可行的解决方案，为学校处理评估问题提供帮助，并在必要的时候做好沟通和交流。评估并不只是对问题的理解，而是要对问题的原因进行分析，并制定有效的方案由源头上解决问题。评价的终极目的是采取实地考察、倾听汇报、问卷调研、深度访谈、专家评审等方式，找出问题症结所在。只有对问题进行准确的诊断、深入的分析、清晰的梳理，才能得出全面的评估结论。

（二）评价程序

在大学生自律行为养成评价中，学校应该对评价整体工作进行统筹安排，并以大学生自律行为养成评价的相关原则与标准作为根据。立足学校养成教育的现状，编制切实可行的执行方案。想要做出全方位、系统化评价，具体步骤为：第一步，学校应当实施自评；第二步，专家要展开实地调研；第三步，应当对评价结果进行系统化的分析与反馈。在实施评估时，学校必须对评估主体的责任作出精准划分，明确具体的评估依据，参照评估方案来实施评估。

1. 评价标准

第一，规范标准。规范标准是对大学生自律行为养成管理、教学、实践等教育活动的客观尺度。它们是对学生自律行为养成过程中所需达到的规范性要求的界定和规定，同时也是衡量和评价学生自律行为养成过程中是否合乎规范、达到规范标准的基础。规范标准包括知识标准、素质标准和实践标准。知识标准是指学生必须掌握的知识内容和水平，包括专业知识、学科知识、文化素养等。素质标准是指学生必须具备的道德素质、心理素质、身体素质等，以及综合能力和创新能力等方面的要求。实践标准则是指学生必须具备的实践技能和实践经验，包括实习、实验、课程设计、社会实践等方面的要求。有效性评价的基础在于自律行为养成的评价是否符合规范标准。这要求学校的基础设施、教学模式、师资力量等教学元素的设置和养成教育的原则标准相契合，教学活动的实施必须符合自律行为养成教育的规范要求。只有这样，才能确保教育活动的规范性和有效性，从而达成自律行为养成教育的预期目标。规范标准是保证自律行为养成取得良好教育效果的前提条件。因此，要提高自律行为养成教育的质量，必须重视规范的标准，加强规范管理。教师应该严格按照教育部门和学校的规定，制订规范的教学计划和教学大纲，确保教学活动的规范性和有效性。学生也应该认真学习规范标准，自觉遵守学校的行为规范，努力提升自己的素质和能力。

第二，评价结果具有可比性。在大学生自律行为养成评价过程中，必须确保其具有可比性和可衡量性。这要求评价结果能够与已有的教育要求、课程教学目标等进行比较，以确定自律行为养成教学的实现情况，进一步总结经验教训，为下一轮教学提供基础。在评价过程中，高校须重点关注大学生自律行为养成目标的实现程度，准确把握问题的性质和责任，对评价结果进行仔细归纳和总结。只有这样，才能积累评价经验，吸取教训，促进大学生自律行为养成教学质量和效果的提高。因此，评价结果必须具有科学性和实效性，并能为教师和学生提供可操作的建议和措施。为了实现这一目标，高校须建立科学规范的评价体系，加强对评价过程的监督和管理，确保评价结果的准确性和公正性。同时，还须鼓励教师和学生参与评价，提高评价的参与度和针对性，以达到更好的评价效果。

第三，评价过程客观全面。对于大学生自律行为养成评价，高校须运用合理方法搜集信息，包括定量和定性信息，从中遴选一些可靠的信息，从而确保获得的评价结果精准、可靠。评估结果不单单是人们抽象化思维的具体体现，还是各种意识形态的综合考量，如综合认识、情感、意志等。在评价过程中，高校须确保客观性和全面性，以获得全面、客观的结论，真实了解参评学校在自律行为养成方面的情况。只有全面客观地分析自律行为养成工作的成果、质量、优势、缺陷、问题、发展动向等，才能得出科学可靠的评价结论，进一步促进大学生自律行为养成教育的不断提高。

2. 评价纪律

大学生自律行为养成评价是提高大学生自律行为养成质量的重要手段。专家组成员应该本着“对国家负责、为学校服务”的态度，认真负责地进行评价。在此过程中，专家组成员必须具备全面考察的能力，同时抓住关键点和难点。他们应该以独立的形式进行调研、观测、评判，积极和广大师生、学院领导、专家学者进行互动与沟通。这些人员具备强大的责任意识，是确保评估活动有序开展的前提基础。在评价过程中，他们必须廉洁自律，自觉抵制不良风气的干扰，并严格按照评价方案的要求和规范行事。同时，专家组成员要实事求是、客观公正，积极地发挥出“诊断、咨询、服务”等一系列核心功能。① 同时应当端正自我的评价态度，谨小慎微地作出评估，保障所有的评估结果有据可依。对于评估结果，广大师生与学校应高度重视，而专家学者的评价行为和评价结果息息相关，所以他们必须严格自律，本着十分认真的工作态度和严谨的工作作风，努力得到社会的认同与学校的信赖。

3. 评价的实施与反馈

在开展评估活动以前，高校必须做好充分准备，具体包含对评估主体、评估资料进行充分准备。充分调动评估小组内部人员的工作积极性，这一点不容忽视，如此一来，才可以保障其积极践行自身的使

① 张彦颖：《高校思政课过程性评价研究》，《西部素质教育》2022 年第 18 期。

命，依据评估的目标与要求作出客观精准的评价。对评估目标予以明确之前，必须对评价对象有充分的了解，并全面考虑评价的各种因素和可能出现的特殊情况。此外，还要关注最新的理论和政策动态，掌握相关规定和原则。评价工作还需要充分落实评估资料、人员分工、专业培训等一系列准备工作。一般来说，评估组织机构十分多元，包括民间社团评价组织、自评组织、同行评价组织。在实施评估时，高校应当对将来容易出现的问题进行系统化预估，在思想方面做足应对准备工作，这样才能确保评价工作的顺利进行和评价结果的公正、客观和科学。

稳步落实自评工作和他评工作。自评主要指的是学校、教师与学生的自我评估。广大师生与学校均应当以自我评估的形式明确自身存在的问题，取长补短，弥补缺陷。在完成自我评估之后，应当编制自我评价报告，归纳众多指标的实现程度，探寻问题出现的成因。他评通常是在自评的前提下实施的评价，它的评价主体为第三方。在他评过程中，评价主体应具备正确判别与应用评估根据的能力。根据自我评价报告、深度访谈结果、实地考察状况、收集的信息资料等客观地对他人进行评价，确保评估结果精准可靠。在实践领域，他评的核心环节在于被评者的合作，所以被评者需要如实地呈报相关的信息材料，精准地告知具体状况。

评价活动结束，评价反馈是不可或缺的环节。它是全面分析和判断评价结果的过程，需要综合考虑自评和他评的结果。评价结论应以事实为依据，进行数量和文字上的综合评价，最终得出全面完善的评估结果。评估旨在挖掘存在的问题，取长补短，所以要对上级单位、被评价人员等反馈评估结果，帮助其作出正确决策。同时及时对外予以公示，以便同行作为参考。另外，对被评者提出合理化意见与建议也是非常重要的。在反馈意见时，考评者应当精准、全面地阐释考评结果，避免过于主观，对评估结果实施系统化剖析，引导被考评人员积累经验，明确出现的问题与日后的改进重点，以发挥大学生自律行为养成的指导作用。

三　反馈评价内容与效果

本研究结合当代大学生自律行为养成评价体系的运用，以 D 大学为例，对当代大学生自律行为养成评价进行实践，在探索当代大学生自律行为养成评价体系的运行路径的同时，掌握当代大学生自律行为养成评价成果，验证当代大学生自律行为养成评价体系的可行性，为当代大学生自律行为养成提供决策依据。

（一）指标权重计算

结合前文层次分析法的基本流程，对 D 大学学生自律行为养成进行评价，掌握 D 大学学生自律行为养成基本情况。

结合层次分析法步骤，构造 D 大学学生自律行为养成相应的判断矩阵，得到 D 大学学生自律行为养成评价体系准则层与目标层的判断矩阵，计算各层的权重，并进行一致性检验。

1. 目标层

D 大学学生自律行为养成评价体系目标层判断矩阵见表 6－10。

表 6－10　　目标层判断矩阵

指标	组织管理（B1）	目标体系（B2）	教学管理（B3）	协同管理（B4）
组织管理（B1）	1	0. 333	0. 167	0. 167
目标体系（B2）	3	1	0. 25	0. 25
教学管理（B3）	6	4	1	1
协同管理（B4）	6	4	1	1

计算目标层特征向量及一致性检验结果，见表 6－11。

表 6－11　　计算目标层特征向量及一致性检验结果

AHP 层次分析结果				
项	特征向量	权重值(%)	最大特征根	CI 值
组织管理(B1)	0.31	5.75	4.061	0.02
目标体系(B2)	0.658	12.197		
教学管理(B3)	2.213	41.026		
协同管理(B4)	2.213	41.026		

层次分析法（方根法）的权重计算结果显示，D 大学学生自律行为养成评价体系中，组织管理（B1）的权重为 5.75%，目标体系（B2）的权重为 12.197%，教学管理（B3）的权重为 41.026%，协同管理（B4）的权重为 41.026%。最大特征根的数值是 4.061，参照表 RI 可知，RI 值是 0.882，所以 CR = CI/RI = 0.023，小于 0.1，这意味着通过了一次性检测。

2. 准则层

D 大学学生自律行为养成评价体系组织管理（B1）判断矩阵见表 6－12。

表 6－12　　组织管理（B1）判断矩阵

指标	顶层构架(C1)	组织构架(C2)	经费支持(C3)
顶层构架(C1)	1	0.5	1
组织构架(C2)	2	1	2
经费支持(C3)	1	0.5	1

组织管理（B1）计算目标层特征向量及一致性检验结果，见表 6－13。

表 6－13　　组织管理（B1）特征向量及一致性检验情况

AHP 层次分析结果				
项	特征向量	权重值(%)	最大特征根	CI 值
顶层构架(C1)	0.794	25.0	3.0	0
组织构架(C2)	1.587	50.0		
经费支持(C3)	0.794	25.0		

层次分析法（方根法）的权重计算结果显示，顶层构架（C1）的权重为 25.0%，组织构架（C2）的权重为 50.0%，经费支持（C3）的权重为 25.0%。最大特征根的数值是 3.0，通过 RI 表查找可知，RI 值达到了 0.525，所以 CR = CI/RI = 0.0，小于 0.1，这意味着通过了一次性检测。

D 大学学生自律行为养成评价体系目标体系（B2）判断矩阵见表 6－14。

表 6－14　　目标体系（B2）判断矩阵

指标	认知目标(C4)	认同目标(C5)	践行目标(C6)
认知目标(C4)	1	0.333	1
认同目标(C5)	3	1	2
践行目标(C6)	1	0.5	1

目标体系（B2）计算目标层特征向量及一致性检验结果，见表 6－15。

表 6－15　　目标体系（B2）特征向量及一致性检验

AHP 层次分析结果				
项	特征向量	权重值(%)	最大特征根	CI 值
认知目标(C4)	0.693	20.984	3.018	0.009
认同目标(C5)	1.817	54.995		
践行目标(C6)	0.794	24.021		

层次分析法（方根法）的权重计算结果显示，认知目标（C4）的权重为 20.984%，认同目标（C5）的权重为 54.995%，践行目标（C6）的权重为 24.021%。最大特征根达到了 3.018，参照 RI 表查找可知，RI 值是 0.525，所以 CR = CI/RI = 0.017 < 0.1，这意味着其通过了一次性检测。

D 大学学生自律行为养成评价体教学管理（B3）判断矩阵见表6－16。

表 6－16　　教学管理（B3）判断矩阵

指标	教学条件(C7)	教学内容(C8)	教学方法(C9)	教学反馈(C10)
教学条件(C7)	1	0.333	1	4
教学内容(C8)	3	1	2	5
教学方法(C9)	1	0.5	1	2.5
教学反馈(C10)	0.25	0.2	0.4	1

教学管理（B3）计算目标层特征向量及一致性检验结果，见表6－17。

表 6－17　　教学管理（B3）特征向量及一致性检验

AHP 层次分析结果				
项	特征向量	权重值(%)	最大特征根	CI 值
教学条件(C7)	1.075	22.164	4.073	0.024
教学内容(C8)	2.34	48.271		
教学方法(C9)	1.057	21.809		
教学反馈(C10)	0.376	7.756		

层次分析法（方根法）的权重计算结果显示，教学条件（C7）的权重为 22.164%，教学内容（C8）的权重为 48.271%，教学方法

（C9）的权重为21.809%，教学反馈（C10）的权重为7.756%。最大特征根的数值是4.073，参照RI表可知，RI值是0.882，所以CR = CI/RI = 0.028，小于0.1，这意味着通过了一次性检测。

D大学学生自律行为养成评价协同管理（B4）判断矩阵见表6－18。

表6－18　　协同管理（B4）判断矩阵

指标	社会支持(C11)	家庭教育(C12)	个人养成(C13)
社会支持(C11)	1	0.5	0.2
家庭教育(C12)	2	1	0.5
个人养成(C13)	5	2	1

协同管理（B4）计算目标层特征向量及一致性检验结果，见表6－19。

表6－19　　协同管理（B4）特征向量及一致性检验

AHP层次分析结果				
项	特征向量	权重值(%)	最大特征根	CI值
社会支持(C11)	0.464	12.827	3.006	0.003
家庭教育(C12)	1	27.635		
个人养成(C13)	2.154	59.538		

层次分析法（方根法）的权重计算结果显示，社会支持（C11）的权重为12.827%，家庭教育（C12）的权重为27.635%，个人养成（C13）的权重为59.538%。最大特征根达到了3.006，参照RI表可知，RI值是0.525，所以CR = CI/RI = 0.005，小于0.1，这意味着通过了一次性检测。

采用以上方法进行指标层指标权重计算，最终得到当代大学生自律行为养成评价指标权重，见表6－20。

表 6－20　　当代大学生自律行为养成评价指标权重

<table>
<tr><th>目标层</th><th>权重</th><th>准则层</th><th>权重</th><th>指标层</th><th>权重</th><th>综合权重</th></tr>
<tr><td rowspan="6">组织管理（B1）</td><td rowspan="6">0.0575</td><td rowspan="2">顶层构架（C1）</td><td rowspan="2">0.2500</td><td>顶层设计（D1）</td><td>0.542</td><td>0.1355</td></tr>
<tr><td>发展规划（D2）</td><td>0.458</td><td>0.1145</td></tr>
<tr><td rowspan="2">组织构架（C2）</td><td rowspan="2">0.5000</td><td>组织结构（D3）</td><td>0.512</td><td>0.2560</td></tr>
<tr><td>规章制度（D4）</td><td>0.488</td><td>0.2440</td></tr>
<tr><td rowspan="2">经费支持（C3）</td><td rowspan="2">0.2500</td><td>教学支持（D5）</td><td>0.522</td><td>0.1305</td></tr>
<tr><td>校园环境（D6）</td><td>0.478</td><td>0.1195</td></tr>
<tr><td rowspan="6">目标体系（B2）</td><td rowspan="6">0.1220</td><td rowspan="2">认知目标（C4）</td><td rowspan="2">0.2098</td><td>自律行为认知水平（D7）</td><td>0.500</td><td>0.1049</td></tr>
<tr><td>自律行为认知能力（D8）</td><td>0.500</td><td>0.1049</td></tr>
<tr><td rowspan="2">认同目标（C5）</td><td rowspan="2">0.5500</td><td>自律行为理论认同（D）</td><td>0.480</td><td>0.2640</td></tr>
<tr><td>自律行为情感认同（D10）</td><td>0.520</td><td>0.2860</td></tr>
<tr><td rowspan="2">践行目标（C6）</td><td rowspan="2">0.2402</td><td>自律行为意识（D11）</td><td>0.490</td><td>0.1177</td></tr>
<tr><td>自律行为能力（D12）</td><td>0.510</td><td>0.1225</td></tr>
<tr><td rowspan="9">教学管理（B3）</td><td rowspan="9">0.4103</td><td rowspan="2">教学条件（C7）</td><td rowspan="2">0.1473</td><td>政策支持（D13）</td><td>0.477</td><td>0.0702</td></tr>
<tr><td>师资力量（D14）</td><td>0.523</td><td>0.0770</td></tr>
<tr><td rowspan="2">教学内容（C8）</td><td rowspan="2">0.0640</td><td>课程建设（D15）</td><td>0.512</td><td>0.0328</td></tr>
<tr><td>实践教学（D16）</td><td>0.488</td><td>0.0312</td></tr>
<tr><td rowspan="2">教学方法（C9）</td><td rowspan="2">0.1582</td><td>课堂教学（D17）</td><td>0.480</td><td>0.0760</td></tr>
<tr><td>课外实践（D18）</td><td>0.520</td><td>0.0823</td></tr>
<tr><td rowspan="3">教学反馈（C10）</td><td rowspan="3">0.6305</td><td>学生评价（D19）</td><td>0.300</td><td>0.1891</td></tr>
<tr><td>教师评价（D20）</td><td>0.350</td><td>0.2207</td></tr>
<tr><td>领导评价（D21）</td><td>0.350</td><td>0.2207</td></tr>
</table>

续表

目标层	权重	准则层	权重	指标层	权重	综合权重
协同管理(B4)	0.4103	社会支持(C11)	0.1283	网络媒体(D22)	0.550	0.0705
				社会监督(D23)	0.450	0.0577
		家庭教育(C12)	0.2764	父母教育(D24)	0.350	0.0967
				家长示范(D25)	0.350	0.0967
				家庭和谐(D26)	0.300	0.0829
		个人养成(C13)	0.5954	自主(D27)	0.300	0.1786
				自控(D28)	0.350	0.2084
				自省(D29)	0.350	0.2084

(二)模糊综合评价

从目标层来看，因素集 U = {U1，U2，U3，U4} = {组织管理，目标体系，教学管理，协同管理}。从指标层来看，U1 = {顶层构架，组织构架，经费支持}，U2 = {认知目标，认同目标，践行目标}，U3 = {教学条件，教学内容，教学方法，教学反馈}，U4 = {社会支持，家庭教育，个人养成}。为了更便捷地进行解析，采取 5 种级别的评价结论集 V = {很好，较好，一般，较差，很差}。

本研究主要是对 D 大学学生自律行为养成的 13 项准则层指标进行评判，通过问卷调研的手段，邀请诸多专家对指标系统相关要素予以评分。参照评分结果实施统计分析，编制专家评价表格。在此基础上参照不同评判等级的专家数量在专家总量的占比，构建隶属度矩阵，具体见表 6-21。

表 6－21　　专业人员针对各指标的评判尺度

	很好	较好	一般	较差	很差
顶层构架(C1)	0.1	0.2	0.5	0.2	0
组织构架(C2)	0.1	0.3	0.4	0.2	0
经费支持(C3)	0	0.1	0.3	0.4	0.2
认知目标(C4)	0.1	0.5	0.3	0.1	0
认同目标(C5)	0.1	0.4	0.5	0	0
践行目标(C6)	0	0.3	0.4	0.2	0.1
教学条件(C7)	0	0.4	0.2	0.3	0.1
教学内容(C8)	0	0.4	0.3	0.3	0
教学方法(C9)	0.1	0.4	0.5	0	0
教学反馈(C10)	0	0.2	0.4	0.4	0
社会支持(C11)	0	0.2	0.5	0.2	0.1
家庭教育(C12)	0.2	0.4	0.4	0	0
个人养成(C13)	0.1	0.5	0.4	0.2	0

构建 B1、B2、B3、B4 的判断矩阵：

$$B1=\begin{bmatrix}0.1 & 0.2 & 0.5 & 0.2 & 0\\ 0.1 & 0.3 & 0.4 & 0.2 & 0\\ 0 & 0.1 & 0.3 & 0.4 & 0.2\end{bmatrix}$$

$$B2=\begin{bmatrix}0.1 & 0.5 & 0.3 & 0.1 & 0\\ 0.1 & 0.4 & 0.5 & 0 & 0\\ 0 & 0.3 & 0.4 & 0.2 & 0.1\end{bmatrix}$$

$$B3=\begin{bmatrix}0 & 0.4 & 0.2 & 0.3 & 0.1\\ 0 & 0.4 & 0.3 & 0.3 & 0\\ 0.1 & 0.4 & 0.5 & 0 & 0\\ 0 & 0.2 & 0.4 & 0.4 & 0\end{bmatrix}$$

$$B4=\begin{bmatrix}0 & 0.2 & 0.5 & 0.2 & 0.1\\ 0.2 & 0.4 & 0.4 & 0 & 0\\ 0.1 & 0.5 & 0.4 & 0.2 & 0\end{bmatrix}$$

根据前文计算公式，得到组织管理（B1）、目标体系（B2）、教学管理（B3）、协同管理（B4）的判断矩阵，依次进行隶属度计算，结果见表 6－22。

表 6－22　　　　　　　　指标隶属度

	很好	较好	一般	较差	很差
组织管理(B1)	0.08	0.24	0.032	0.2	0.16
目标体系(B2)	0.077	0.308	0.385	0.154	0.077
教学管理(B3)	0.113	0.161	0.323	0.323	0.081
协同管理(B4)	0.167	0.25	0.333	0.167	0.083

因此，本研究得到了 D 大学学生自律行为养成综合评价结果目标层的评语集隶属度，依次是 0.144、0.216、0.288、0.279、0.072。据此可知，一般被赋予的权重最大。依据最大隶属度法则可知，最后的整体评估结论则是“一般”。

对很好、较好、一般、较差、很差的评语集进行赋值，分别为 100 分、80 分、60 分、40 分和 20 分，得到 D 大学学生自律行为养成综合评价结果：

$$B=W*R=\left\{\{0.0575,\ 0.1220,\ 0.4103,\ 0.4103\}\right.$$

$$\begin{bmatrix}0.08 & 0.24 & 0.032 & 0.2 & 0.16\\ 0.077 & 0.308 & 0.385 & 0.154 & 0.077\\ 0.113 & 0.161 & 0.323 & 0.323 & 0.081\\ 0.167 & 0.25 & 0.333 & 0.167 & 0.083\end{bmatrix}=61.644$$

D 大学学生自律行为养成综合评价结果为 61.644 分。由此可知，D 大学学生自律行为养成综合得分刚刚及格，还有很大的提升空间。

当代大学生自律行为养成评价体系是指通过对大学生自律行为的评价和监督，目的是促进大学生自律能力的提高和行为习惯的养成，以帮助大学生更好地实现自我发展和成长。通过 D 大学学生自律行为养成评价可知，综合评价结果与前文问卷调查结论整体上维持统一。既对大学生自律行为养成评估系统的有效性作出了科学检验，又反映了大学生自律行为养成确实存在一定的问题。因此，有必要对当代大学生自律行为失范的形成机制进行探索。

第七章　当代大学生自律行为养成的路径

当代大学生自律行为养成需要有切实可行的实践路径。从上述分析可以发现，当代大学生自律行为包括很多目标和内容，需要从多个方面着手推进。在具体实践过程中，当代大学生自律行为养成是一项系统的工程，涉及多个方面的要素。单维度地推进当代大学生自律行为养成实际上是无法取得成功的。有效地推进当代大学生自律行为养成，既需要系统的机制，也需要现实的路径，更需要具体的养成方法。

第一节　当代大学生自律行为养成的机制

当代大学生自律行为养成首先要有系统的机制。由于当代大学生自律行为包含两条路径：一条是大学生将社会规范内化为自身的自律意识，这是由外而内的吸纳过程；另一条是大学生将自律意识外化为自律行为，这是由内而外的显露过程。所以，在当代大学生自律行为养成中，存在两种机制，一种是内在的生成机制，另一种是外在的培育机制。

一 内在生成机制

当代大学生自律行为养成内在生成机制包括心理机制、动力机制、能力机制，三者相互作用、相互支撑，互为因果关系。心理机制是大学生自律行为养成的基础，包括认知、态度、价值观、情感等因素。心理机制直接影响个体对自律行为的认知、态度、意愿和行为，同时也受到行为结果的反馈影响。动力机制可以帮助个体克服惰性、消除拖延、保持目标导向的行动，以及更好地适应外部环境的变化。能力机制是大学生自律行为养成的手段和支撑，包括规划、执行和调控等因素。能力机制可以帮助大学生更好地管理时间、掌握学习方法、提高自控能力，以及应对挫折和困难。

（一）心理机制

心理机制是指个人心理变动和心理组成及其存在的内在关系与表现形式。大学生只有先具备自律意识，才能逐渐生发出自律行为。所以，大学生自律行为养成需要从认识、情感和意识等方面入手，逐步增强自律行为的心理机制。在心理机制建设过程中，认识、情感和意识有不同的作用。在当代大学生自律行为的养成中，认知是个体责任感培养的基础，也是个体坚持自律的前提；意识是心理机制的理性堡垒，对认知和情感起监督和保护的作用；情感则是维护自律心理的重要支持，对于自律意识起升华和促进的作用。

自律行为的认知是自律意识形成的重要前提，是彰显自律意识功能的有力保障。认知是人们站在全局的高度，对客观事物进行认识与理解的一个过程。当代大学生自律行为的认知是指大学生逐步认识自律行为规律，逐渐认同自律行为价值的过程。自律行为的认知可以刺激个体主动了解个人应当肩负的社会责任。唯有如此，大学生才可以强化自身的责任意识，将社会责任践行到位。想要强化大学生的这类心理认知，就应当要求大学生利用诸多载体手段对时事政治、社会焦点议题、相关法律法规进行动态化把握，给予高度关注，不断提高自身的自律性和自觉性；还需要大学生深入理解社会主义核心价值观的真正含义，从自身的角度感受自律行为的实质内涵，进而形成正确的“三观”。

意识从本质上来说是大学生理性判断自律行为的基础保证。当代大学生心智不够成熟和理智，很容易受到外部社会的诸多引诱，自制力不强，意志力非常弱，无法作出理智的考量，可能会实施一些道德失范行为。因此，大学生形成理性的判断力，养成理性的自律意识，对于调节自律行为具有重要作用。大学生提高自身的自律意识，要从身边的点点滴滴做起，强化个人的控制能力，自觉抵制外部引诱。与此同时，大学生要树立迎难而上、艰苦奋斗的精神意志。在现实社会里，每个人均会面对诸多难题。大学生应该直面挫折，持之以恒地攻克难关，如此一来，才能具备强大的意志力，从而逐渐增强自身的自律意识。只有形成理性的自律意识，大学生对于外部引诱，才会有坚定理想信念，做出正确的价值判别，自觉地约束行为。

情感是培养当代大学生自律意识的催化剂，情感具有促进和升华大学生自律认知与自律意识的正面作用。情感指的是大学生对相关事物与社会焦点事件秉承着深刻、稳健、持久的态度与体验。自律情感的培养是当代大学生提高自律行为的核心环节。在正义、良知等一系列情感的驱使下，大学生能够把自律意识内化成一种自律行为。在当代社会，大学生的个性自由得到了解放。他们只有坚定地敬畏自律、热爱自律、享受自律，才能养成对于自律行为的深情厚谊，对自律行为给予高度认可，加强自我控制能力，主动参与社会实践活动，增进个人认知，扩大自我视野。也只有具有自律情感，大学生才能保持斗志昂扬的状态来实现预期目标，履行社会责任，实施自律行为。

总的来说，当代大学生实施自我调控过程中，应当对心理维度的调控给予高度关注，积极和广大师生进行互动，借助互联网、报刊等诸多媒介，掌握时政的发展动向，了解时代的发展现状，理智地判别与调控个人的价值目标，强化自身的自律意识。自律认知、自律意识和自律情感的养成，可以为大学生自律行为的产生奠定良好的心理基础，从根源上解决当代大学生的自律问题。

（二）动力机制

动力机制是指促使大学生自律行为发生变化的驱动形式与影响机理。它主要包括自我需求和自我效能感两部分。自我需求和自我效能感在大学生自律行为养成过程中承担不同的角色，发挥着不同的动力功能。

自我需求是自律行为养成的原始动力。马克思认为："人的需要是人的内在的、本质的规定性，是人的全部生命活动的最终动力和内在根据。"[①] 大学生只有具有自律的需求，才会有真正的自律行为动力，才能坚持不懈地进行自我约束。自我需求主要包括生理需求、社交需求、安全需求、爱的需求、被爱的需求和自我实现需求等。大学生的自律需求就表现为对于自律行为的强烈渴望。随着群体自我意识逐渐强化，大学生拥有更为强烈的自我需求，渴望实现人生价值，不断提高对自身的要求。在大学生自律行为养成中，教师要帮助大学生形成强烈的自律需求，激发他们的自律意识，提高自身的自律行为。教师唯有对大学生群体自我需求给予充分的尊重，对其实施有效的心理辅导和思政教育，对该群体的价值理念、情感认知、自律意志、心理需求等给予高度关注，才能从源头上处理好大学生自律行为问题。

自我效能感是当代大学生自律行为的动力保证。自我效能感是指大学生对个人维持自律行为、成效等具备的主观认知和判别。如果个体确信他的某项成功是由于自律行为带来的，那么他就会高度认同自律行为，从而激发出高度的自我效能感。这样，在之后的时间里，他

---

① 郑永廷：《思想政治教育的根源探究》，《中国高校社会科学》2014 年第 3 期。

就会有强烈的动机保持自律行为。但是，一旦个体认为保持自律行为未必能取得预期效果，或者取得的效果令人沮丧，那么他就会怀疑自己的自律行为是否得当，从而降低保持自律行为的热情。这样的话，他的自律行为动机就会下降。从这个意义上来说，大学生保持自律行为的自我效能感并不是一种真实的结果，而是一种主观的前期判断。所以，培育大学生保持自律行为的自我效能感，关键的是强化他们对于结果的正向预期，削弱他们对于未来结果不确定性的担忧。另外，教师也要帮助大学生制定合理的奋斗目标，不能使奋斗目标脱离大学生的实际情况。

充分保证动力机制的完整性，是大学生自律行为养成必不可少的条件。自我效能感与自我需求这两项要素是推动大学生发展的力量源泉，是强化他们责任意识、促使其积极进取的主要影响因素。在大学生自律行为养成过程中，教师要帮助大学生加强责任意识、道德意识，引导其主动肩负自我的社会责任。为实现这个目标，教师必须引导大学生设置恰当的短期目标与长期目标，从而真正凸显动力机制对大学生自律行为的驱动效用。

（三）能力机制

具备坚持自律的能力是当代大学生自律行为养成的核心环节。坚持自律的能力具体指在自律意识主导的基础上，个人可以持续维持自律行为的能力。这是一种重要的能力机制，既强调大学生需要想方设法将自律意识转化为自律行为，又要求当代大学生能够把自律行为与社会要求相结合。大学生自律能力机制应当与时俱进，顺应社会的发展潮流，满足时代需求，这样才能真正服务于社会。简单而言，这种能力又包括以下两个维度。

首先，当面对利益冲突时，大学生应当具有是非分辨能力。当代社会早已实现了高度繁荣。由于受到“快”文化的影响，各个事物的关系越发密切，利益主体呈现出多元化特征，社会涌现了严重的利益冲突问题，社会发展格局趋向复杂化。在当前的时代背景下，利益矛盾问题是无法规避的。大学生群体需要坚定个人的意志，拒绝外界的利益引诱，加强个人的自控能力。在此过程中，大学生最重要的是加强自我的自律行为分辨能力，对功利主义思想、拜金主义等不良思潮的侵蚀进行抵御，以正确的价值观作为导向。当面对责任冲突问题时，外部诸多要素会影响大学生群体根深蒂固的思想。不管这种影响是正面的或者负面的，均会在无形中干扰他们的自律意识，使之实施责任行为，同时这类行为同样会对他们的情感造成显著影响。所以，当代大学生必须对事情的不可逆性给予充分考量，立足自我的自律意识，作出正确的道德抉择，实施的自律行为应当兼顾社会利益与他人利益，对国民经济的发展极为有利。

其次，在参与社会实践活动时，大学生应当具备自律行为的实践能力。当代大学生除了需要具备崇高的社会责任意识外，还需要具备强大的实践能力，将自身的责任履行到位。实践能力的培育，需要大学生深刻地认知与理解个人应当肩负的责任，投入百分之百的努力完成必要之事。例如，可在课外空闲之际参与勤工俭学等社会实践活动，做一些力所能及的家务劳动，增强家庭生活的自律能力。在学校里应当积极地学习各类科学知识，扩大自我视野，主动参与学校组织的实践活动，强化学习生活的自律能力。在社会生活中，大学生需要乐于助人，奉献爱心，关心国家时事，主动承担相应的社会责任，提升社会生活的自律能力。大学生只有在社会实际生产活动与日常生活中，不断提高自律行为的践行能力，才能真正实现自律。

二　外在培育机制

当代大学生自律行为养成是一项复杂的系统工程，不能简单地依靠某一方力量，也不能仅限于投入某一种资源。在教育过程中，需要多个主体广泛参与、多个要素相互耦合，形成大学生自律行为养成的教育合力。从外部培育机制来看，既需要多个层面的主体相互配合形成主体合力，也需要多种资源的相互渗透形成资源合力，更需要多重制度相互匹配形成制度合力。

（一）多主体协同推进机制

当代大学生自律行为养成需要多种社会力量参与其中。首先，家庭在大学生自律行为养成过程中扮演着重要角色。家庭对于当代大学生自律行为养成的影响是终身的。在充分认识到当代大学生自律行为养成重要性的前提下，家长在家庭生活中主动引导大学生养成自律行为，将取得其他教育主体无法达到的效果。因为家庭教育很多时候是潜移默化进行的。相比于直接的灌输教育，家庭教育更容易为大学生所接受。其次，高校是大学生自律行为养成的重要基地。高校是大学生的主要活动空间。高校大学生的自律教育水平直接影响大学生自律养成的最终效果。高校大学生自律行为养成采用的手段较为领先，教育环境较为优越，养成教育的效果就会比较好。最后，社会是当代大学生自律行为养成的重要助力。社会的整体环境会直接影响大学生的思维与行为方式。社会潮流、社会舆论、社会风气直接影响大学生的自律行为。当整个社会都崇尚自律的社会风气时，大学生自然也乐于坚持自律。但是如果社会道德败坏，社会整体乌烟瘴气，大学生自然很难坚持自律行为。

当代大学生自律行为养成需要加强家庭、高校与社会三者的作用。一是要充分发挥家庭培育大学生自律行为的作用。增强当代大学生的自律意识，应当从家庭教育的维度切入实施系统化调控，在家庭环境中营造良好的自律气氛。家长需要起模范带头作用，从而对孩子的自律行为施加影响，使其可以在日常生活中感受到自律行为魅力。家长要帮助大学生强化自律意识，以身作则，引导大学生把自律意识内化成自律行为。二是应当对大学教育工作给予高度关注。对于大学来说，需要把学生思政教育放在重中之重的位置，提高教师的素质，不断影响学生的行为和自律意识。高校教育者要主动在生活和学习之中，了解学生的内心活动，不断地沟通、互动，提高其自我控制能力及自我完善的能力。三是需要对社会影响力给予更多关注。在现代社会，诸多焦点性事件容易对大学生自律行为养成产生深刻影响，教师应当激励大学生主动参与社会实践活动，在实践体验过程中，强化自身的责任意识。教师帮助其自觉地把个人和国家、集体融合起来，投入百分之百的努力来彰显人生价值，实现自律的社会价值。

当代大学生自律行为养成需要加强家庭、高校与社会之间的沟通与协调。一方面，家庭、高校和社会要建立畅通的信息交流机制。在大学生的自律行为中，高校需要积极和家庭沟通，了解大学生在家庭中的状态，从而有针对性地改进教育方案。反过来，家庭又可以从高校信息沟通中了解大学生的成长状况，有意识地改进家庭的教育方式。同时，高校要积极地把大学生推向社会，使他们在社会中得到锻炼。社会也可以加强与高校的沟通，扩大对家庭的社会道德宣传，说明大学生保持自律的作用、养成自律行为的有效方案。另一方面，家庭、高校和社会需要形成自律行为教育的内容要相互认同。这就意味着全社会需要对社会道德规范有基本的共识。在当代，需要坚持以社会主义核心价值观为引领，形成整个社会的社会主义道德共识。只有三方都拥有共同的价值观念，才能从当代大学生的日常生活入手，对传统的教育制度作出优化与革新，转变落后的思政教育方式，通过领先的教育模式带领大学生强化自身的自律行为。

（二）宽范围资源整合机制

当代大学生自律行为养成需要投入多种社会资源。所有事物的发展变化均离不开资源提供支持。当代大学生自律行为养成也不例外。在当代大学生自律行为养成过程中，既有物质因素的鼓励与支持，也需要文化因素的渗透；既有党和国家政治因素的引导，也有社会时代变化的影响。可见，大学生自律行为养成受多种要素的影响。反过来说，大学生自律行为的养成也有很多可以利用的资源。教育者要把社会规范灌输到大学生的思维中，这并不是一件容易的事情。教育者首先要清楚地了解大学生自律行为养成有哪些可以利用的资源。教育者需要充分把握时代大势，准确地掌握社会规范的基本要求，才能把符合社会发展的社会规范灌输给大学生。另外，教育者在教育活动也不能单纯地依赖某一要素发挥作用，而是要尽可能地调动多种资源，从更广阔的范围来影响大学生的自律观念，帮助大学生形成自律习惯。

当代大学生自律行为养成过程需要形成社会资源的整合机制。当代大学生自律行为养成需要多种资源的参与。但是，多种资源的参与并不意味着会发挥正向作用。多种资源有可能存在资源的内耗，产生的负能量大于正能量。培育当代大学生的自律行为需要各种要素协同发力。这就意味着必须对各种资源继续整合，形成资源整合体制，这项体制的构建目的在于对大学生给予强大的物质保障与精神保障，并实现资源的整合与优化配置。通过资源整合机制来实现资源凝聚的配置以及资源的利用，可以使多种资源相互协调，有效地减少投入资源之间的内耗。社会资源的整合机制的关键环节是以教育者为中心的教育系统。在资源的投入过程中，教育者承担资源筛选与过滤的责任，需要甄别资源的有效性与契合性，并把不适宜的社会资源排除在大学生自律行为养成过程之外。通过以教育者为中心的教育系统功能的发挥，各种社会资源能够得到有效整合。

当代大学生自律行为养成需要通过资源整合机制，完成多种资源的整合。资源整合机制是将不同领域、不同层级的资源进行整合，通过整合机制的功能作用，发挥多方面的资源优势，不断强化资源之间的协同作用，实现最优化的管理效果。当代大学生自律行为的养成活动中有多种社会资源需要整合。一是需要将大学生思想道德教育和科学文化素质教育有机结合，从而使大学生的道德自律与行动自律有效结合起来。二是需要将学生日常管理和课程教学相融合，让学生在日常生活中也能接受知识和技能的培养。三是需要将家庭、学校和社会不同资源相融合，实现学校教育教学与社会需求之间的有效衔接，为学生提供更广泛的实践机会。总之，资源整合机制是当代大学生自律行为养成机制中不可或缺的一部分。只有通过资源的整合和协同，大学生才能实现全面发展和自律行为的养成。

（三）深层次的制度耦合机制

推动当代大学生自律行为养成走向深入还得依赖于科学的系统的制度。制度的保障是当代大学生自律行为养成的根本要求。制度是规矩，制度是准则。当代大学生自律行为养成如果没有制度的支撑就无法长期维持下去。大学生养成自律行为，需要稳定的保障性制度、长效的教育制度、有效的激励性制度相互配合，共同发力，形成深层次的制度合力。

首先，社会需要提供稳定的保障制度，使大学生的自律行为可以得到社会的支持。如果大学生保持良好的自律行为，却无法在社会中得到认可，甚至基本利益还会遭到侵害，那么大学生的自律行为养成是不可能有成效的。为了更好地维护大学生坚持自律的正当性，社会需要形成一整套法律制度和社会管理规范，要坚持科学立法、严格执法、公正司法、全民守法，使大学生合法权益得到维护和保障，使大学生的自律行为得到法律的支持。高校同样要形成一套行之有效的规范体系，确实大学生的自律行为可以得到制度的支持。保障当代大学生的合法权益，让学生产生被法律保护的安全感，让大学生感受到坚持自律的价值意义，是制度性保障的前提。

其次，帮助大学生养成自律行为还需要建构长效的教育制度体系。大学生自律行为养成不是一朝一夕之事，它需要经历一个长期的过程。这里的长期有两层含义：第一，对于个体来说，大学生自律行为养成需要经历反复的锻炼和多次磨砺，才能逐渐形成自律意识和自律实践活动。第二，对于社会来说，培养大学生的自律行为不是针对某一特殊群体，而是需要每一代人接续传承的教育活动。简单地说，大学生自律行为养成需要长期的资源投入。如果没有相应的制度支持，那么大学生自律行为养成的教育活动就会存在朝令夕改的情况，自然而然也就不可能产生长期性教育效果，大学生自律行为养成也就不能达成预定目标。

最后，建立完整的自律行为养成奖惩制度。大学生自律行为养成也需要激励性的奖惩制度。适度的奖励可以使大学生的自律行为得到积极的情感体验。通过对大学生群体实施奖励，有利于强化他们对自律行为的认同，进而自觉地履行自身的社会责任，实施正确的自律行为。对其作出适度的处罚，有利于约束大学生的自律行为，引导大学生严于律己，进而达到优化大学生自律行为的目的。虽然利用奖惩的形式，能够让大学生明确可做之事与不可做之事，但是奖惩的激励机制要坚持适度原则。这是由于处罚太重、激励过轻时，很容易适得其反。因此必须使奖惩机制制度化，使奖和惩都有据可循、有理可依，这样才能真正达到激励效果。

稳定的保障性制度、长效的教育制度、有效的激励性制度不是单独发力的，只有形成三者合一的制度系统，才能保证大学生自律行为养成有可靠的系统支撑。也只有三项制度协调配合，大学生自律行为养成才会有理想的教育效果。

第二节　当代大学生自律行为养成的途径

通过上述分析，当代大学生自律行为养成需要内在生成机制与外在培育机制共同作用。内在生成机制需要大学生加强自我调节，加强个体自我教育，促进自律意识的转化。外在培育机制则要求家庭、高校、社会协同合作，加强不同社会资源的整合，从社会层面帮助大学生养成自律行为。两种不同作用机制融为一体，共同催生出当代大学生自律行为养成的可行路径。

一　营造社会氛围发挥支持作用

社会环境对当代大学生自律行为养成产生重要影响。因此，当代大学生自律行为养成需要形塑良好的社会风气，维护健康的网络环境，发挥自媒体的积极作用，创造良好的外部环境。

（一）形塑良好的社会风气

马克思主义强调，“人的本质不是单个人所固有的抽象物，在其现实性上，它是一切社会关系的总和”①。社会生活中的每一个个体都在无形中被社会的方方面面影响。当代大学生生活在自由开放的时代，其和社会具有密切的关系，健康积极的社会风气对培育大学生自律行为大有裨益。自律行为养成教育不是某一个体可以单独完成的，需要社会各界的广泛参与，政府、学校和社会成员各自发挥重要的作用。政府应加强对大学生自律行为的监管和引导，加强对自律行为的规范化，建立健全各项法律法规和制度，为大学生提供可靠的法律保障和政策支持。政府应该广泛宣传大学生行为自律的重大作用与意义，帮助他们将自律意识内化成自律行为，做到严于律己。学校要鼓励和引导大学生积极参与社会事务，提高社会参与度和社会责任感，从而形成良好的社会风尚。所有的社会成员也需竭尽所能，以身作则，积极履行个人的义务，共同营造健康积极的社会风气。

（二）维护健康的网络环境

班杜拉强调：“随着象征性示范的大量使用，父母、教师及传统的起示范作用的榜样在社会学习中也许不再占据主要的地位。”② 现阶段，

---

① 《马克思恩格斯选集》第 1 卷，人民出版社 1995 年版，第 43 页。

② ［美］阿伯特·班杜拉：《社会学习心理学》，郭占基等译，吉林教育出版社 2003 年版，第 62 页。

很多大学进行信息化建设，学校的教学环境得到了明显优化，互联网得以普及。这使得大学生的社交方式受到了巨大冲击，其思维观念、行为模式发生较大变化。良好的网络环境是大学生群体对互联网进行合理应用的重要前提，是培育大学生自律行为的核心影响要素。首先，要充分发挥网络教育的作用。因为大学生群体社会经验不足，思维观念极易受外界要素影响，所以教育者应当在网络教育中发挥引领作用。教育者应该利用网络环境提供的便利条件，引导大学生树立正确的“三观”，帮助他们强化个人的控制意识与能力，能够对外部引诱积极防御，对负面信息具有良好的判断能力，遵规守纪，严于律己。其次，应当加大对网络文化的监管力度，优化各项规章机制。如果希望营造良好的网络文化环境，必须强化监督力度。从源头上降低不良信息的滋生概率，防止这些信息侵蚀大学生的思想，是一种切实可行的管理方式。网络管理人员可借助防火墙技术等手段对负面信息进行过滤。同时应当对互联网的特征有深刻的认知与了解，对大学生群体的个性自由给予更多尊重，许可大学生遵从相关法律法规、社会道德准则自由发布言论。可通过一些领先的信息技术手段研发彰显时代特征的教育软件，拓宽大学生自律行为养成教育的深度与广度，帮助大学生群体利用这些先进的教育软件对自律行为养成教育的内容产生深刻的认知与理解，从而形成正确的行为习惯。

（三）发挥自媒体营造社会自律氛围的作用

随着信息技术的发展和互联网的普及，新媒体成为现代社会的重要组成部分。自媒体的发展和普及，使得信息传播和社会互动更加便捷和广泛，人们可以轻松地获取和分享各种信息与知识，这种趋势在当代大学生中尤为突出。与此同时，自媒体的出现给大学生的自律行为养成提供了一种新的方式和途径。大学生通过自媒体分享自己的自律经验，不仅可以帮助自己更好地实践自律，而且可以影响和帮助更多人养成良好的自律习惯。自媒体要充分发挥自身的社会责任，传递正能量，弘扬社会主流价值观，引导公众树立正确的人生观、价值观和世界观。自媒体应该多方位介绍模范人物的自律事迹，对自律的重大意义与作用进行全面宣扬，营造健康积极的自律气氛，为培养大学生的自律行为提供更多支持和鼓励。未来，可以把这种自媒体参与度与营造社会自律氛围相融合，引导社会成员共同实施自律行为，在社交平台上共同分享个人的感受，相互加油打气。如此一来，必然可以对很多社会成员形成巨大的吸引力，使之共同参加这项活动，这既对大学生自律行为养成大有裨益，又对社会的健康文明发展具有重要的推动作用。

总之，大学生自律行为的养成是社会发展进步的重要基石。政府、传媒和社会成员都应积极参与其中，共同营造和谐、文明、进步的社会环境，努力推动社会的健康发展。

二　坚守高校阵地发挥引导作用

学校教育是培育大学生自律意识的关键一环。习近平总书记强调："要在加强品德修养上下功夫，教育引导学生培育和践行社会主义核心价值观，踏踏实实修好品德，成为有大爱大德大情怀的人。"① 综观大学教育的实质可知，道德是教育的生命。培养有自律道德的人是道德教育的目标之一。大学生自律行为的养成教育，需要充分发挥学校的作用，通过教学活动、课外活动、校风、学风等方面引导大学生树立正确的道德观。具体来说，高校可以通过第一课堂与第二课堂协同培养、线上与线下双向联动、教学主渠道与日常教育共同发力来培育大学生的自律意识，推动大学生的自律行为朝着社会发展要求的方向迈进。

---

①　中国共产党新闻网：《习近平：坚持中国特色社会主义教育发展道路　培育德智体美劳全面发展的社会主义建设者和接班人》，http：//cpc. people. com. cn/n1/2018/0911/c64094 – 30284771. html，2018 – 09 – 11/2018 – 10 – 15。

(一) 第一课堂与第二课堂协同培养

学校对大学生自律行为的培育主要依附于第一课堂的理论教授，忽视大学生群体的社会实践，所以大学在实施养成教育时，应当将第一、第二课堂高度融合。第一课堂即课堂教育，这要求大学在设定教育课程的同时，有规划、有意图地将法律、道德、网络交际等维度的理论知识纳入课程，对实施养成教育奠定坚实的理论基础。同时课堂教育还应当和学生的现实生活贴近。将第一课堂作为主阵营，将第二课堂作为有力辅助。周志强指出："教学计划之外安排的学习活动，包括校内的各种校园文化活动和各种社会实践活动等。"[①] 据此可知，第二课堂对实践性给予了高度关注，本质上它是对第一课堂所做的一种延伸。大学应当积极对学生实施多元化的自律行为养成实践教育活动，从而激发大学生的自律思想。比如，引导学生参与勤工俭学、暑假社会实践活动等，从而强化他们的自我约束、教育及管理能力，为大学生自律行为养成提供坚实的实践保障。

(二) 线上与线下双向联动

一方面，要发挥好线上教育的作用。学校要增强网络监督力度，实施有效的网络教育，从多元化维度切入，采用有效举措加强大学生群体的自律意识。同时应当对学生的情感需求给予高度关注，将网络教育作为核心主题，积极开展多种形式的教育宣传活动，帮助大学生抵御外部引诱，学会文明用网，防止其接触黄、赌、毒等负面信息。这能够为大学生提供健康的网络学习氛围，有利于强化他们的自律意识。另一方面，要发挥好线下教育的作用。学校可以引导学生积极参加丰富多彩的社会实践活动，帮助他们明确可为之事与不可为之事，身体力行地对社会实践进行感知体验，进而从中受益。学校还要通过

---

① 周志强、王耕、于海军：《大学生学业生涯规划与素质拓展导论》，东北大学出版社 2013 年版，第 175 页。

日常的线下教育活动，帮助学生了解社会规范的要求，把准自我的社会定位。大学生需要在学校教育活动中强化个人的独立思索、判断能力。当面对实践过程中的难题时，能够迎难而上，独立应对这些问题。大学生需要充分发挥主观能动性，用积极进取的精神面貌攻克难关。总的来说，大学需要把线上教育和线下教育高度协同，将第一课堂与第二课堂统筹兼顾，引导大学生把掌握的理论知识内化为一种社会实践，从而获得显著的养成教育效果。

（三）教学主渠道与日常教育共同发力

一方面，高校要发挥思想政治教育课堂主渠道的作用。高校需要设定科学合理的教育内容，从而帮助大学生群体形成正确的自律意识。高校应当在积极践行中共中央作出的各项教育工作部署的前提下，依据教学大纲，有规划、有目的地对现实生活领域诸多栩栩如生的案例进行收集。依据道德自律、交友自律、学习自律、生活自律等不同的衡量根据，对思想政治、乐观进取的优秀人物进行归类，依附于领先的教学模式为学生宣传这些人物及其事迹。课堂教学的方式可以直接将自律的思想理论灌输给学生，使之产生理论共鸣，为他律转变成自律提供坚实的理论保障。知名教育家苏霍姆林斯基认为，促进自我教育的教育才是真正的教育。德育的实质在于它是教育主体和教育对象协同参加的一项教育活动，教育主体承担“教”的责任，教育对象扮演“学”的角色，二者是互为补充、相得益彰的关系。同时自律教育很难在短期内实现，人们应当摒弃急功近利的思想，利用悉心引导、专题指导等诸多手段，全面对大学生实施教育，循序渐进地促使大学生养成自律行为，逐步由他律转化为自律。

另一方面，高校要创新传统教学方法与模式，强化日常教育。在教学方法上，可以拓展教育范围，把教育领域推向日常生活。教育者应当积极组织具有一定吸引力的双向互动教学活动，转变传统的课堂教学模式，促使课堂教学充满趣味性，真正提升道德教育的有效性。思政课教师可借助互联网教育平台这一载体，对一些模范人物的优秀事迹进行宣传，帮助大学生群体形成科学的价值观，为其创造良好的网络学习环境，从而加强他们的自律意识。另外，还要充分发挥大学辅导员等非科任教师的积极作用。辅导员应当努力做好本职工作，积极创新，探寻有效的工作模式，立足大学生群体的真实状况，分析他们自律行为养成现状，从而因势利导，加强大学生自律行为的培养。与此同时，针对社会焦点议题形成的不良舆论，学校应当尽快发表声明，帮助大学生形成正确的舆论。总的来说，把教学主渠道和日常教育统筹兼顾，借助互联网平台载体的核心优势，满足当代高校大学生自律行为养成的基本需求，是行之有效的思想政治教育培养方式。

三　重视家庭教育发挥基础作用

家庭在个体自律行为养成过程中扮演着重要角色。父母是子女最好的老师，家庭在个体的成长和成才过程中具有不可估量的作用。我国有注重家庭教育以养成良好品质的传统。习近平总书记明确表示，“家庭是社会的基本细胞，是人生的第一所学校。不论时代发生多大变化，不论生活格局发生多大变化，我们都要重视家庭建设，注重家庭、注重家教、注重家风”①。所以，培养大学生的自律行为仅仅依靠学校教育远远不足，同样应当将家庭教育纳入其中。家庭教育可以在无形中对学生产生显著影响。因此，需要发挥父母的示范作用，创造良好的家庭环境，高度重视家庭教育，为当代大学生自律行为养成提供有利的家庭条件。

（一）重视培育孩子的独立人格

家庭的最大希望就是孩子的健康成长。当今社会发展迅速，独生

① 中共中央党史和文献研究院编：《习近平关于注重家庭家教家风建设论述摘编》，中央文献出版社 2021 年版，第 3 页。

子女家庭较为普遍，部分父母对子女独立人格的培养并未给予高度关注。同时社会竞争早已陷入白热化状态，所以很多家庭对智力教育十分重视，但是对道德教育严重忽略，这使得一些孩子的价值观和社会主义核心价值观难以达到协调匹配，对大学生自律意识的养成产生了不利影响。独立人格培养对加强大学生自律能力影响深远。独立作为大学生应当具有的一项重要能力，同时还是自律能力的具体表现。家长陪伴在子女身旁的时间是有限的，很难在一生之中都帮助子女处理棘手的问题，所以家长需要对子女的独立人格进行培养。并且，由于生活的社会背景不同，父母和孩子的思想往往差异较大。随着心智逐渐成熟，大学生会慢慢形成个人的见解与价值评判准则，倘若家长强制性地要求子女顺从自我，对子女的生活进行安排，可能会造成他们滋生懒惰心理，无法发挥家庭教育的积极作用。家长需要为大学生独立成长提供足够的空间，高度认同与信赖孩子，强化孩子的自律意识与能力。

（二）发挥父母的示范作用

“家庭是孩子的第一个课堂，父母是孩子的第一个老师。”① 家长的言谈举止对子女的思想行为模式产生决定性影响。知名学者马卡连柯认为，“你们（父母）自身的行为在教育中具有决定意义。在你们生活的每一瞬间，甚至当你们不在家的时候，都在教育孩子”②。所以，家长需要本着个人掌握的社会经验，发挥模范带头作用，引导孩子养成正确的自律行为。尽管大学生已经成年，思想越发成熟，但是很容易被外界不良思想引诱，所以家庭教育的意义也是不容小觑的，家长的言谈举止均会对子女产生显著影响。在日常消费方面，父母需要有节制地消费，帮助孩子节制物质欲望。家长要充分发挥榜样作用，有

① 中共中央党史和文献研究院编：《习近平关于注重家庭家教家风建设论述摘编》，中央文献出版社 2021 年版，第 17 页。

② 林格：《教育就是培养习惯》，清华大学出版社 2013 年版，第 11 页。

计划地进行消费支出，但要减少浪费，要学会过节俭的生活。除了在日常消费方面，家长在生活中的方方面面，解决各类事情时，均应当发挥模范引领作用，同时也要提高自我的道德素养，以身作则，为子女树立榜样。社会建设需要大学生具有良好的道德品质。父母的德与行将直接影响大学生的思想行为。在日常生活中，父母要自觉遵守社会道德规范，坚持遵规守纪、讲求诚信等优秀的精神品质，这既是道德自律的具体表现，又是培育大学生自律行为的有效手段。

（三）形成良好的家庭环境

家庭成员互相帮助、互相关爱、平等共处、互相信任是营造健康积极家庭环境的重要基础。家庭环境会潜移默化地影响大学生的自律行为养成。整体而言，应当从两项维度切入创造和睦融洽的家庭环境。首先，要有良好的物质环境。这并非指的是家中非常奢华，它表示的是维持好家庭内部的干净、整洁、美观，这既有利于家庭成员形成良好的精神风貌，又有助于帮助大学生养成健康的生活习惯，办事井井有条。其次，要有良好的精神环境，它指的是家风。家风的组成内容有两个：一个是家庭的文化气氛，另一个是家庭的生活模式。健康和谐的家风营造得益于诸多要素的影响，比如家庭成员的生活模式、情感态度、精神面貌、思想行动等，由此构成了一股强大的家庭教育力量。“家风好，就能家道兴盛、和顺美满；家风差，难免殃及子孙、贻害社会。”[①] 健康和谐的家庭精神环境是养成大学生自律行为的原动力。一方面，家长应当对传统的思维理念进行优化与调整，对孩子的独立发展过程给予充分尊重，和孩子进行平等的沟通；另一方面，应当对孩子的性格特征、身心发展特征有系统的认识与理解，和孩子共同创造和谐融洽的家庭气氛。除此以外，家长也要和孩子共同打造健康的

① 中共中央党史和文献研究院编：《习近平关于注重家庭家教家风建设论述摘编》，中央文献出版社 2021 年版，第 24 页。

亲子关系。积极和子女展开交流与互动，努力变成子女的良师益友，主动了解他们的心事，洞察他们的内心。

四　加强大学生个体的自我教育

在大学生自律行为养成教育过程中，大学生扮演着主体角色。想要强化他们的自律意识，教育者应当引导大学生对自律的含义进行深刻的了解，帮助他们实施自我教育，懂得怎样来践行自律行为。具体来说，大学生需要明确自律目标，激发自律意识，转化自律行为。

（一）明确自律目标

当代大学生自律行为养成要求大学生设定具体可行的目标。目标指的是行为主体期待将来能够维持的最佳状态。想要实现自律，大学生必须确立自律目标，了解个人的需求，这样才能不断地强化自律行为。大学生的目标应该是可以实现的现实图景，不应当是抽象化的目标，同时应当坚定个人的理想信念，这样才能实现目标。提高大学生的自律意识，需要让大学生明确自己所追求的目标。这个目标应该在他们的能力范围内，是他们想要并且能够走到最远之处。在大学生急切地希望达成该目标时，此目标会迸发出源源不断的动力。不管外部要素怎样对大学生施加影响，其均会坚守理想信念，这其实是目标迸发出的一股强大力量。另外，大学生应当明白，长期目标创造的利益远远大于短期目标创造的利益。明确自律目标是为了让大学生明白，实现自己的目标需要自律。这种目标是他们希望做好的事情，或许目标非常远大，或许目标非常渺小，或许将来才可能达成，或许当前便可以实现。倘若大学生能够找到清晰而明确的目标，同时持续地为之奋斗，则必然会走向成功。

（二）激发自律意识

大学生激发内心自觉是一项系统工程。第一，大学生要强化自我认知。认识到问题的客观存在，是走向自觉的首要步骤。这要求大学生明确问题的症结，积极思考问题。在每日的特定时间，对个人当天的经历进行回忆，总结做得好的地方，分析仍需改进之处。也可对个人的近期状态进行记录，对出现的问题予以归纳，实施反省。第二，大学生应当自觉实践。在此过程中，需要应对诸多难题。一些学生会出现懒惰心理，这需要他们自觉地控制懒惰情绪，而这离不开目标提供的驱动力，以目标对懒惰的心理进行攻克。大学生除了要深刻地认识与理解自律，设定清晰可行的目标，还应当具备强有力的内心驱动力，这样才可以加强个人的自律意识。第三，大学生要主动接纳自己。在自觉的过程中，大学生会发现个人的不良情绪、暴露出的问题、错误的思想等，看到个人最糟糕的一面。倘若他们由此开始厌恶自我，消极悲观，则意味着大学生的自觉之路依旧任重而道远。随着大学生自我意识的加强，其并未形成自我接纳，则意味着自觉未能发挥应有的作用。

（三）自律行为转化

所有的个体均具有一定的自觉能力，倘若希望每个人形成自律意识，则应当深化人们的自觉层级，努力成为波澜不惊的智者，把自律意识内化成自律行为。具有良好自律意识的人，必须首先养成良好的行为习惯。这需要大学生不断增强自己的专注程度。在实践过程中，大学生要以专注自觉、接纳的情感态度对自我的思想行为进行洞察。对当下的感知与认识、体验等高度专注，大学生才能更加清晰地看到当下发生了什么。除此之外，大学生还应该学会设定目标，并付诸行动，不断挑战自我和突破自我，培养自己的毅力和决心。同时，大学生要坚持积极向上的心态，保持对未来的信心和希望，不断追求自己的梦想和目标。大学生还应该注重身体健康，坚持规律的作息时间，适当锻炼身体，保持良好的饮食习惯，这样才能保证自己具有足够的精力和体力去追求梦想和目标。总之，养成良好的行为习惯和自律意识是每个大学生必须具备的素质，只有不断提升自我约束和控制的能力，才能在未来的人生道路上走得更加坚定和自信。

（四）形成良好的品格

自律的道德规则即社会道德准则。从大学生的角度来说，必须高度认可这些道德准则，把它们转化成一种实际行动，这样才可以主动地予以践行。在实践过程中，也要构建健全成熟的道德内在制约体制，比如主动遵守交通规则、保持课堂纪律、专注听讲、及时做完作业等，这其实均是将个体的内心道德规则作为根据来实现的。但是，大学生要在规则的范围内获得自由的快感，就不能被动地保持自律，而是要把自律的坚守变成自己道德品格的一部分。大学生应当美化个人的心灵。具体体现为，大学生自觉培育高尚的道德修养，对优秀模范人物进行学习，不断锤炼自己的自律品格。大学生还应该通过多种艺术形式熏陶个人的思想，强化迎难而上的意志，强身健体，强化智力，塑造健全人格。养成自律品格的关键在于长期坚持。大学生要珍惜眼前现有的一切，努力学习，天天进步，水滴石穿，反复地锤炼自律意志，最终才能在规范的范围内获得人格的自由。

第三节　当代大学生自律行为养成的方法

科学有效的教育方式，是获得显著教育成效的重要前提。在稳步推进当代大学生自律行为养成教育过程中，应当应用行之有效的教育方法，它是所有教育手段、教育方式的总和。结合当代大学生自律行为养成实践，本研究采取以下基本方法。

一　榜样示范法

榜样示范法是引导大学生自律行为养成的有效方法。在道德教育过程中，榜样示范法应用非常普遍。榜样示范法是指在对受教育者进行道德教育时，通过正面的代表性案例与优秀的人物事迹来对学生发挥模范引领作用。通过这些人物身上优秀的道德品质，对学生产生潜移默化的影响，进而加强学生的道德认知与道德意识的一种方式。榜样教育法也可以采取相反的方式，对一些反面案例与人物进行宣传，使学生能够了解客观事实，学会明辨是非，从中有所启发。榜样的力量就如同夜晚海上的灯塔，可以为大学生养成自律行为提供努力的方向和可行的方法。榜样又像电视荧幕的画面那样，能够让人们内心深处的理想逐渐具象化，把人们希望的东西从理想变成现实，为自律行为的养成提供模仿对象。

榜样示范法的应用重点在于选择恰当的榜样。第一，榜样的选择应当具有民主性，颠覆传统“由上至下”的榜样选择模式，将社会主义核心价值观作为导向，帮助大学生作出正确的价值判别，立足个人的实际状况选择最恰当的自律榜样。如此一来，他们才可以认同和接纳这些榜样，彰显榜样的模范引领作用。第二，遵循真实性原则。“高大全”的人物形象可以使人更敬畏榜样，也会拉大大学生同榜样的距离。切勿对自律榜样进行过度渲染。应当秉承实事求是的态度，引导大学生既对榜样的优点进行借鉴，又对榜样的不足进行批判。第三，自律榜样的选取要具有针对性。不是任何一个榜样都适合作为大学生自律模范对象。这些榜样不但应当具备优秀的自律品德，而且需要和大学生的现实生活息息相关。这种榜样才可以得到大学生的接纳与认同，成为他们的学习榜样。

榜样示范法需要长期坚持才能发挥作用。大学生对榜样自律行为的模仿只有长期坚持才能见功效。但是，在实际教育过程中，高校大学生学榜样往往跟着日历走，采取运动式的学习方式，进行所谓的短期学习。这样就无法使学生对自律榜样形成深刻的记忆，会弱化学生对榜样的注意力，导致学生学习积极性严重下降。所以学校应当对大学生给予充足的实践训练机会，强化他们对自律榜样的学习动力，从而形成良好的行为习惯。所以，最好选择大学生身边的教师或同学作为学习的榜样。在开展养成教育时，大学生周围的一些自律榜样可以时刻对他们产生影响，使大学生自律行为的培养可以长久受到熏陶。而且，需要搭建积极的平台，建立榜样与普通大学生之间的对话制度，形成榜样与学习者互动交流的常态化机制，从而在制度化的层面保持榜样示范的作用。

榜样示范法需要与时俱进。不同的时代有不同的榜样示范方法。随着时代的快速发展，过去很多榜样学习方式已经落伍了，需要及时的创新和发展。第一，拓展传统的榜样宣传渠道。树立自律榜样的力量需要紧跟当代的步伐，将具有广泛群众基础的先进典型，通过电视、报纸等媒介进行宣传，让先进事迹走进校园，走进每个当代大学生的心里，主动激发他们的潜力。同时，需要高度重视新兴媒体平台的发展，积极通过网络、微博、微信等媒体传播正能量，弘扬主旋律的自律行为事例，使大学生在网络世界也受到自律榜样的影响。第二，推动榜样宣传方式技术进步。在宣传自律榜样的时候，要主动地利用新兴的媒体技术，加速榜样示例的形式转化，呈现出新的传播情景，使其符合现代社会的认知与感情。与时俱进的渠道拓展和技术转化可以使榜样示范法更符合当代的现实需要。

二　实践体验法

在培育大学生自律行为时，最有效的方式是实践体验法。这种方式是帮助大学生形成正确行为习惯的有力手段。实践性是马克思主义理论的基本特性。从马克思和恩格斯创立马克思主义以来，历代马克思主义理论家都十分重视实践体验法。恩格斯在 1887 写给弗洛伦斯·凯利—威士涅威茨基的信件里明确表示，“我们的理论是发展着的理论，而不是必须背得烂熟并机械地加以重复的教条。越少从外面把这种理论硬灌输给美国人，而越多由他们通过自己亲身的经验（在德国人的帮助下）去检验它，它就越会深入他们的心坎”[①]。毛泽东同志认为，青年人不仅要读“有字之书”，还要读“无字之书”。[②] 习近平总书记也勉励青年人“要坚持知行合一，注重在实践中学真知、悟真谛，加强磨炼、增长本领”[③]。这充分表明，实践体验法作为一种先进的教育手段，具备坚实的马克思主义理论基础，它是推动大学生实现知行合一的重要方式。

实践体验法有科学的学习步骤。实践体验法是教育者按照党和国家的相关规定，激励大学生群体自主参与诸多的社会实践活动，从而强化他们的思想认知与行为能力的一种教育手段。实践体验法的最终目的是帮助人们把道德行为内化成精神品德。自律行为养成非常重要，习惯的培育离不开持续锻炼。具体来说，大学生自律行为的实践体验法包括以下几个步骤：首先，大学生需要明确养成的自律行为目标。这种行为目标不能是外界强加的，只能是大学生主动选择的目标。例如，大学生可以设定每天按时完成作业、规律作息等。其次，大学生需要根据目标设计相应的实践活动。例如，大学生可以依据自己设定的自律目标，主动参加团队活动，在活动中加强自我管理，使目标得以实现。最后，在实践活动结束后，大学生需要对自己的行为进行总结和反思。大学生需要分析自己在活动中表现的优缺点，检视自身是否保持自律行为，并寻找改进的方法。通过实践体验法，大学生可以在实践中掌握自律行为的技能和经验，并且在反思过程中不断提高自我管理能力。

高校应当将实践体验法和理论教育法融合起来加以应用，从而对传统的行为训练模式作出革新。当代大学生自律行为养成过程，高度

① 《马克思恩格斯文集》第 10 卷，人民出版社 2009 年版，第 562 页。

② 金冲主编：《毛泽东传 1893—1949》，中央文献出版社 2004 年版，第 24 页。

③ 习近平：《在知识分子、劳动模范、青年代表座谈会上的讲话》，人民出版社 2016 年版，第 12 页。

重视实践学习的作用，并不是要否定理论学习的重要性。在大学生参与自律行为养成实践活动之前，教育者需要对大学生进行系统的自律行为理论教育，帮助他们明辨是非，理解社会道德准则，把握自律行为的主要表现，了解自律行为养成的有效方式。大学生只有对自律行为的发展规律有较为清楚的认识，才更容易参与社会实践活动，才能更有效地养成自律行为。另外，教育者也需要对大学生的实践活动进行总结，使自律行为养成的经验方法上升到理论层面，为下一个实践教育活动奠定良好的理论基础。为了更好地帮助大学生养成自律行为，教育者要对大学生群体的主体性给予充分尊重，把理论教育和社会实践高度协同，引导他们把行为准则内化成一种实践行动，产生正确的自律行为。通过对大学生进行持续的实践锻炼，他们会逐渐加深自己的认知与体验，强化认知能力，形成正确的自律行为习惯。

三　慎独内省法

慎独内省法是一种古老的行为准则，强调个体在行为和思想上要保持慎重、自省和自律，以达到自我完善和成长的目的。慎独内省法的核心思想是个人的自我修养和自我管理。慎独内省法有深厚传统的文化根脉，是中国文化培养个体自律行为的独特创造。它起源于中国春秋战国时期百家争鸣之时，而后历经千年的丰富和发展，形成了一整套的约束机制。它也被视为儒家思想的重要代表。慎独内省法对于个人的成长和发展具有积极作用。它可以帮助个体保持清醒的头脑，避免轻率行事和言语，防止自我膨胀和自我陶醉。同时，慎独内省法可以帮助个体发现自己的缺点和不足，及时纠正错误，提高自身的道德素质和文化修养。慎独内省法并不总是强调向内的道德审视，它还把个体的“慎独”与国家社会相结合，使个体的自我约束与社会现实需要相结合。所以，这种方法并没有随着时代的变迁而走向衰落，反而在现代社会中释放出独特的光彩。

慎独内省法在大学生自律行为养成中发挥重要作用。大学生作为一个正在成长和发展的群体，需要不断反思自己的行为和思想，及时纠正错误，提高自身的素质和能力。慎独内省法可以帮助大学生保持内心的平静和自律，实现自我完善和成长。首先，慎独内省法可以帮助大学生保持慎重的态度。大学生在学习、生活和社交中会面临各种诱惑和挑战，需要保持慎重和谨慎的态度，不轻率行事，不轻易说话。大学生可以通过慎独内省法反思自己的言行是否符合社会道德规范，避免作出错误决策、发表不当言论，从而保持良好的个人形象和声誉。其次，慎独内省法可以帮助大学生发现自己的缺点和不足。大学生在成长和发展的过程中，难免会犯错误或者有不足之处。他们应当采取慎独内省法对个人的思维观念、行为模式进行反省，挖掘个人的缺陷，并及时采取适当措施加以改善，从而不断提高自身的思想觉悟。最后，慎独内省法可以帮助大学生保持清醒的头脑。在快节奏、多变化的大学生活中，大学生需要保持清醒的头脑，以便作出正确的决定。慎独内省法有利于个人对思维理念、行为模式进行反省，避免自我膨胀和自我陶醉，从而时刻保持清醒的头脑，提高自身的智慧和洞察力。

大学生自律行为养成中慎独内省法的步骤包括：首先，大学生要坚持“慎始”在行动初始就保持谨慎。大学生一定要扣好人生的第一颗扣子。如果参与社会实践活动的第一步就走错了，人生的第一颗扣子就扣歪了，后面自然也就不可能继续保持自律。一个好的开端往往决定事物的发展方向。其次，大学生一定要以目标为导向，追求“慎终”。在实践活动中，大学生需要为自己设定一个好的行动目标，要始终保持一种坚韧不拔的精神，不背离最初的信仰与精神。即使在周围无人监督时，大学生也要以自己确定的目标为导向，自觉地规范自己的行为。再次，大学生要时刻保持警惕，坚持“慎辨”，避免误入歧途。大学生在独处的时候，要时刻保持清醒的头脑，能够清楚地分辨出事物的是非黑白，用理性的思维和方式对待各种问题。大学生要随时保持谨小慎微，学会克制自己的不良欲望，不让欲望影响自己的理想判断。最后，大学生还要不断反思，保持“慎省”的态度。这就是要及时地反省自己的社会互动是否合法合规，反思自己的言谈举止是否符合规范，反思自己的思想是否坚持正道，从而达到自律的目的。

四　评估反馈法

评估反馈法是在某个阶段的实践体验完成以后，遵循相应的评估依据，对上个阶段的实际表现进行主观评价与客观评价，由评价主体与评价对象通过沟通与互动来反馈评价结果，归纳成功经验的一种方式。这种方法通常被用于评估项目、政策、课程和培训等方面。评估反馈法的主要优点在于可以帮助相关人员了解他们所做的事情是否取得了预期成果，并根据反馈结果提出针对性改进措施。这种反馈还可以帮助他们制订下一步行动计划，以确保他们的活动或计划能够更好地实现预期目标。

评估反馈法是帮助大学生养成自律行为的有效方法。评估反馈法被运用于自律行为教育活动中，也能收到良好的效果。首先，评估反馈对于教育者的教育活动起重要作用。教育者可以根据大学生反馈的教育信息，了解教育方法、教育内容、教育技巧是否符合学生的实际情况，从而有针对性地调整自己的教学方案。而且，教育者也可以通过学生的反馈，更清晰地掌握学生的自律行为养成情况，这样就能更科学地引导学生进行自律行为训练。其次，评价反馈有利于大学生群体进行自律训练。他们能够依据评价结果的反馈知晓自身的学习水平，从而明确自身的努力方向。在此基础上，大学生可以运用监督提醒、反复训练的方式，不断提高自己的自律水平。大学生也可以利用已有的反馈确定自己的下一步行动目标，制定符合社会发展需要的方案，减少自己的活动失误。

在大学生自律行为养成中，评估反馈法可以从多方面发挥积极作用。首先，评估反馈法要帮助学生认识到自己的行为和目标之间的差距。通过提供各方面的反馈信息，大学生可以更清楚地认识到自己的行为和目标之间的差距，从而更加明确自己的行为目标和努力方向。只有明确努力方向，大学生才可以保证自律行为训练符合时代发展的潮流。其次，评估反馈法要激发学生的自我反思。评估反馈法内隐着一种奖惩机制。学生可以依据教师、管理者、同学等不同个体的反馈信息调整自己的行为。当大学生得到表扬的时候，他就会反思自己的行为为什么会得到认可，从而总结出未来需要坚持的行为。当大学生得到批评时，他就会反思自己行为的错误，及时调整自己的行为，制定更加科学的行为目标和规划。最后，评估反馈法可以帮助学生更好地理解自律行为的价值。任何一个社会行为如果不能收到社会的反馈信息，行动者就无法感知它的存在价值。当大学生的自律行为得到反馈信息特别是良性赞美反馈时，他就能够明确自律行为的社会价值，从而坚定保持自律的决心。

总之，作为一项系统工程，大学生自律行为养成需要多元整合的社会机制，也需要科学系统的现实途径，更需要有切实可行的具体方法。三个层面相互结合，由内而外，由总到分，协同发力，共同推进大学生自律行为的培育。这种养成教育的三个层面也存在一定的张力。不仅三个层面之间存在不协调因素，即使是三个层面内部也有交叉重叠、相互抵触的细节因素。推动大学生自律行为培育系统工程向前发展，就是以协调机制的主要问题为导向，不断削弱大学生自律行为培育系统的内部张力，增强三个层面的协调要素，从而强化大学生自律行为养成的有效性。

结束语

本研究的目的在于发现规律性的东西。显然，当代大学生自律行为养成有一些规律性的内容值得注意。这些规律性命题既是对中国传统的自律思想、西方自律思想、马克思主义自律思想的理论提炼，也是对当下大学生自律行为教育的主要问题进行系统分析的结果。这些规律的理论总结可以为当代大学生自律行为养成活动提供一定的参考，对于后来者的研究也大有裨益。

大学生自律行为养成是教育规律与时代特征相统一的过程。从实践经验来看，当代大学生自律行为属于高校思想政治教育活动的一部分。在教育过程中，大学生的自律行为养成会呈现出很多思想政治教育的规律。同时，当代大学生自律行为又区别于一般的思想政治教育，具有自律行为养成的独特内涵。所以，在当代大学生培育过程中，既需要坚持传统思想政治教育的有效方法，又需要根据时代特征的变化，积极进行教育方法创新。尤其值得注意的是，当代互联网的迅速普及，使得大学生自律行为培养面临不小的威胁。高校在实施养成教育过程中，不但要看到互联网等新兴媒体技术发展对于传统自律行为教育的挑战，而且要看到这些新媒体技术推进大学生自律行为养成的巨大优势。这就意味着，教育者需要把自律行为养成的基本规律与新媒体技术发展的技术优势相融合，通过大学生高度认同与接纳的教育形式，为大学生自律行为养成教育提供活力。

培育大学生自律行为的过程，本质上是将理论教育和实践教育高度融合，协同推进的过程。大学生自律行为养成首先需要大学生吸纳社会的基本规范。大学生只有掌握了社会规范的基本要求，才能产生出自律行为。同时，大学生在展开自律行为之前，还需要对于自律行为的养成规律有充分认识，这样他们才能知晓自身如何培养自律能力。由此可见，大学生自律行为的养成是以成功的理论教育为前提的。教育者也需要对大学生的实践活动进行总结，使自律行为养成的经验方法上升到理论层面，为下一次的实践教育活动提供充足的理论保障。想要实现养成教育的目标，又绝离不开实践教育。大学生自律行为养成的重点在于行为的培养。只有在实践教育过程中，才可以对大学生行为模式和社会道德准则能否协调匹配、高度契合进行验证，才能真正检验大学生能否长期保持自律习惯。为了更好地帮助大学生养成自律行为，教育者需要将实践体验与理论教育高度融合，引导大学生把行为准则内化成一种实践行动，严格约束自我的自律行为。

大学生自律行为养成是内在用力与外部培育相融合的过程。自律行为从本质上来说，个体按照一定的社会规范，将自我约束的内在思维外化为自我控制的举止行动。大学生自律行为养成首先要从个体的内部着力，而后再由个体的活动传达到社会。所以，大学生自律行为的养成既需要个体的主动作为，也需要社会从外部施加影响。由此而言，研究当代大学生自律行为养成也有两个基本的视角，即个体的内在思维活动与社会的外显实践。只有将这两个视角结合起来，才能发现大学生自律行为养成的全貌。但是，研究必须设计一个研究对象可测的问题。大学生自律行为的内在方面是很难从研究的维度进行分析的。在研究中，最有效的方式，仍然是对于大学生日常行为的观察，从他们的日常行为来推测他们自律行为的养成状况。从这个意义上来说，本研究还有需要拓展的地方，主要表现在对于大学生心理评测的分析还有进一步分析的空间，期待后来者继续深入挖掘。

附　　录

一　当代大学生自律行为养成调查问卷

亲爱的同学

您好！

为了进一步了解当代大学生自律行为养成、高校开展自律行为养成教育的状况，现面向高校大学生展开有关自律行为养成的调研工作。本次问卷将采取匿名形式，我们承诺将对此保密，您不必担心任何信息泄露问题。请您在所给出的选项中选择自己认为最适合、最贴近自身情况的打“√”，所得调研数据仅做学术研究之用，感谢您的支持与配合！

大学生自律行为养成研究调查组

二〇二二年十月

基本情况调查：

性别：□男　□女

年级：□专科生　□本科生　□研究生

专业：□文史类　□理工类　□艺体类

当代大学生自律行为调查：

1. 在您看来自律行为重要吗？

□十分重要　□一般　□不了解　□不重要

2. 你觉得自己的自律状态属于怎么样的情况？

□自我状态良好，但没有达到自律的最佳状态

□已经达到了自律状态，会一直持续

□和自律状态差距较大，无能为力

□是否自律并不重要

3. 对于自律和他律，你更加依附于哪种呢？

□自律

□他律

□视情况而定

4. 作为大学生，你认为什么最重要？

□学习

□交友

□兼职

□娱乐

5. 你们班级学生的整体学习自律能力处于何种状态呢？

□非常好，可以严于律己

□相对较好，大多数学生可以严格约束自身

□一半的学生可以严格约束自身

□非常差，少数人能约束自己

□不好，风气差

6. 一学期下来，你大概会读多少本专业书？

□10 本以上

□6—10 本

□3—5 本

□3 本以下

7. 你存在下面哪些行为呢？（多选）

□星期天赖床不起

□作业无法按时完成

□不喜欢进入图书馆阅读

□通宵沉迷游戏

□学习积极性较低

8. 你对考试作弊行为存在何种认识呢？

□为顺利毕业，能够予以谅解

□非常正常，我曾经有过这种行为

□十分排斥，必须严肃处分

9. 你对大学生挂科现象如何认识呢？

□非常正常

□挂科问题不大

□最好不要挂科

10. 你使用手机或电脑，主要用于哪些方面？（多选）

□玩游戏

□上网购物

□交友聊天

□影视娱乐

□学习

11. 上课时，你会立马回复网络信息吗？

□会，立马回复

□看情况回复

□不会，很想回复

□不会，认真听讲

12. 你能在规定的时间内使用电子产品吗？

□能

□看情况

□不能

13. 在你看来，大学生最缺乏的道德素养是哪个呢？

□社会公德

□家庭美德

□职业道德

□个人品德

14. 你时常注意自己的言行吗？

□会

□基本会

□偶尔会

□不会

15. 与舍友发生摩擦或者冲突，你会采取怎样的处理方法？

□假装没发生过，维持表面关系

□排挤舍友，与舍友为敌

□主动沟通，换位思考，包容他人

□寻求帮助，求助其他舍友或者老师协助解决

□消极对待，冷战，等待对象主动沟通或道歉

16. 你由于个人无心之举，在使别人面临伤害的情形下，是如何做的呢？

□心里十分惭愧，对别人真心道歉，竭尽全力弥补伤害

□我的行为是无心之举，并非有意为之，不会愧疚

□在别人察觉之后会内心不安，未被察觉则无所谓

□存在一些不安愧疚心理，不过行为是无心之举，能够被谅解

17. 你是否有过以下类似情况（多选题）？

□恶语伤人

□损坏公物

□沉迷网络游戏

□公共场所占座

□肆意违约

□弄虚作假

□乱扔垃圾

18. 你认为同学在遵纪守法上的表现如何？

□都能遵纪守法

□大部分学生可以遵纪守法

□少部分学生可以遵纪守法

19. 在上晚自习过程中，一些学生悄悄讲话，你一般怎么做呢？

□参与其中，成为说话人中的一员

□警示这些学生要保持安静

□独自不管不顾玩手机

□不受影响，认真学习，遵规守纪

20. 是否出现旷课、考试作弊、打架斗殴等违规违纪行为？

□经常

□偶尔

□很少

□从未

21. 对于同学通过不正当方式获得奖学金，你的态度是怎样的？

□并未损害自身利益，假装不知道

□坚决抵制并向有关领导教师举报这位同学

□内心抵制，但考虑到和睦不采取行动

□见怪不怪，不觉有错

22. 一个人独处时，你认为是否应该按道德规范来约束自己？

□应该按照道德要求约束自己

□独处时可以放松，不必按照道德规范来约束自己

23. 你认为掌握并遵循道德准则，是否重要？

□非常重要

□比较重要

□一般

□不重要

□非常不重要

当代大学生自律行为养成情况调查：

1. 所在的学校关于自律行为养成教育的力度如何？

□学校很重视，相关教育较多

□学校不太重视，相关教育较少

□学校不重视，根本没有教育

□不清楚，不好说

2. 所在学校自律行为养成教育的师资力量如何？

□有专业教师，他们也比较专业

□有，但教师不够专业，他们自身的信息素养也不高

□主要由思想政治理论课教师担任

□没有

□不清楚

3. 当前的自律行为养成教育内容情况如何？

□内容比较陈旧，没有吸引力

□内容较新颖，有趣

□几乎没有

□没有

□不太清楚

4. 所在学校的自律行为养成教育方法如何？

□以理论讲授为主

□以案例为主

□形式多样

□枯燥乏味

□不太清楚

大学生自律行为养成影响因素调查：

1. 最能影响自律行为养成教育的人员？

□父母

□朋友同学

□思想理论课教师

□其他专业教师

2. 最能接受的自律行为养成方式？（多选）

□父母言传身教

□教师榜样示范

□网络媒体影响

□个人自律

3. 最能接受的自律行为养成形式？

□理论知识学习

□情感培养

□意志磨炼

□认知引导

□实践开展

二　当代大学生自律行为养成评价指标筛选

您好！请对以下指标的重要性程度进行打分，1—5 分分别表示非常重要、重要、一般、不重要、非常不重要。

1. 第一轮专家咨询

一级指标专家咨询：

指标	非常重要	重要	一般	不重要	非常不重要
组织管理					
目标体系					
教学管理					
协同管理					
个人养成					

二级指标专家咨询

评价维度	一级指标	十分重要	重要	一般	不重要	非常不重要
组织管理	顶层结构					
	组织构架					
	经费支持					
	师资力量					
目标体系	认知目标					
	认同目标					
	践行目标					
教学管理	教学内容					
	教学方法					
协同管理	社会支持					
	家庭教育					
	个人养成					

三级指标专家咨询

目标层	准则层	指标层	非常重要	重要	一般	不重要	非常不重要
组织管理	顶层构架	顶层设计					
		发展规划					
	组织构架	组织结构					
		规章制度					
		行为规范					
	后勤保障	教学支持					
		校园环境					
		网络支持					
目标体系	认知目标	自律行为认知水平					
		自律行为认知能力					
	认同目标	自律行为理论认同					
		自律行为情感认同					
	践行目标	自律行为意识					
		自律行为能力					
教学管理	教学条件	政策支持					
		师资力量					
	教学内容	课程建设					
		实践教学					
		网络平台					
	教学方法	课堂教学					
		课外实践					
	教学反馈	学生评价					
		教师评价					
		领导评价					

续表

目标层	准则层	指标层	非常重要	重要	一般	不重要	非常不重要
协同管理	社会支持	网络媒体					
		社会监督					
	家庭教育	父母教育					
		家长示范					
		家庭和谐					
	个人养成	自主品格					
		规则意识					
		坚持精神					

2. 第二轮专家咨询

一级指标专家咨询

指标	非常重要	重要	一般	不重要	非常不重要
组织管理					
目标体系					
教学管理					
协同管理					

二级指标专家咨询

评价维度	一级指标	非常重要	重要	一般	不重要	非常不重要
组织管理	顶层构架					
	组织构架					
	经费支持					
目标体系	认知目标					
	认同目标					
	践行目标					

续表

评价维度	一级指标	非常重要	重要	一般	不重要	非常不重要
教学管理	教学条件					
	教学内容					
	教学方法					
	教学反馈					
协同管理	社会支持					
	家庭教育					
	个人养成					

三级指标专家咨询

目标层	准则层	指标层	非常重要	重要	一般	不重要	非常不重要
组织管理	顶层构架	顶层设计					
		发展规划					
	组织构架	组织结构					
		规章制度					
	经费支持	教学支持					
		校园环境					
目标体系	认知目标	自律行为认知水平					
		自律行为认知能力					
	认同目标	自律行为理论认同					
		自律行为情感认同					
	践行目标	自律行为意识					
		自律行为能力					

续表

目标层	准则层	指标层	非常重要	重要	一般	不重要	非常不重要
教学管理	教学条件	政策支持					
		师资力量					
	教学内容	课程建设					
		实践教学					
	教学方法	课堂教学					
		课外实践					
	教学反馈	学生评价					
		教师评价					
		领导评价					
协同管理	社会支持	网络媒体					
		社会监督					
	家庭教育	父母教育					
		家长示范					
		家庭和谐					
	个人养成	自主					
		自控					
		自省					

三　当代大学生自律行为养成评价表

您好！请结合实际情况，对大学生自律行为养成情况进行评价。

指标	很好	较好	一般	较差	很差
组织管理					
目标体系					

续表

指标	很好	较好	一般	较差	很差
教学管理					
协同管理					
顶层构架					
组织构架					
经费支持					
认知目标					
认同目标					
践行目标					
教学条件					
教学内容					
教学方法					
教学反馈					
社会支持					
家庭教育					
个人养成					
顶层设计					
发展规划					
组织结构					
规章制度					
教学支持					
校园环境					
自律行为认知水平					

续表

指标	很好	较好	一般	较差	很差
自律行为认知能力					
自律行为理论认同					
自律行为情感认同					
自律行为意识					
自律行为能力					
政策支持					
师资力量					
课程建设					
实践教学					
课堂教学					
课外实践					
学生评价					
教师评价					
领导评价					
网络媒体					
社会监督					
父母教育					
家长示范					
家庭和谐					
自主					
自控					
自省					

参考文献

一　经典著作

《马克思恩格斯全集 》第 1 卷，人民出版社 2001 年版。

《马克思恩格斯全集 》第 2 卷，人民出版社 2005 年版。

《马克思恩格斯全集》第 20 卷，人民出版社 1971 年版。

《马克思恩格斯全集》第 3 卷，人民出版社 1960 年版。

《马克思恩格斯全集》第 49 卷，人民出版社 1982 年版。

《马克思恩格斯文集》第 1—10 卷，人民出版社 2009 年版。

《马克思恩格斯选集》第 1—4 卷，人民出版社 2012 年版。

《马克思恩格斯要论精选》，中央编译出版社 2016 年版。

《列宁选集》第 1—4 卷，人民出版社 2012 年版。

《毛泽东选集》第 1—4 卷，人民出版社 1991 年版。

《邓小平年谱 1975—1997 上》，中央文献出版社 2004 年版。

《邓小平文选》第 1—2 卷，人民出版社 1994 年版。

《邓小平文选》第 3 卷，人民出版社 1993 年版。

《江泽民论“三个代表”》，中央文献出版社 2001 年版。

《江泽民文选》第 1—3 卷，人民出版社 2006 年版。

《胡锦涛文选》第 1—3 卷，人民出版社 2006 年版。

《习近平谈治国理政》第一卷，外文出版社 2018 年版。

《习近平谈治国理政》第二卷，外文出版社 2017 年版。
《习近平谈治国理政》第三卷，外文出版社 2020 年版。
《习近平谈治国理政》第四卷，外文出版社 2022 年版。

二　中文著作

曹国庆：《廉洁文化建设与高校德育教育创新发展》，中国文史出版社 2015 年版。
曾国藩：《曾国藩全集》，岳麓书社 1987 年版。
车文博：《人本主义心理学》，浙江教育出版社 2003 年版。
冯忠良：《教育心理学》，人民教育出版社 2000 年版。
韩振峰：《新时代高校思想政治教育及思想政治理论课教学研究》，中央编译出版社 2021 年版。
何孟飞：《新时代高校思想政治理论教学研究》，厦门大学出版社 2018 年版。
黄瑞宇：《新时代高校学生工作的创新研究与实践探索》，中国政法大学出版社 2020 年版。
林格：《教育就是培养习惯》，清华大学出版社 2013 年版。
罗国杰：《伦理学》，人民出版社 2014 年版。
骆郁廷：《思想政治教育引论》，中国人民大学出版社 2018 年版。
佘双好：《思想政治理论课程教学法探析》，中国人民大学出版社 2018 年版。
万生更主编：《构建以社会主义核心价值观为引领的大中小幼一体化德育体系研究》，陕西人民出版社 2020 年版。
王学俭：《思想政治教育理论与实践问题的研究视角》，中国人民大学出版社 2017 年版。
张枫：《中国优秀传统文化与高校思想政治教育工作融合研究》，山西经济出版社 2022 年版。

张馨：《大学生低碳生活教育》，新华出版社 2014 年版。
张耀灿：《思想政治教育学科建设研究》，中国人民大学出版社 2017 年版。
周小结：《阿伯拉尔伦理学研究》，浙江工商大学出版社 2014 年版。
朱玉泉：《教育至尊・中华教育经典（上）》，中国建材工业出版社 1998 年版。

三　中文译著

［奥］A. 阿德勒：《自卑与超越》，黄光国译，作家出版社 1986 年版。
［古罗马］奥古斯丁：《论自由意志：奥古斯丁对话录二篇》，成官泯译，上海人民出版社 2005 年版。
［美］阿伯特・班杜拉：《社会学习心理学》，郭占基等译，吉林教育出版社 2003 年版。
［奥］弗洛伊德：《弗洛伊德著作选》，里克曼选编，贺明明译，四川人民出版社 1986 年版。
［美］凯利・麦格尼格尔：《自控力》，王岑卉译，印刷工业出版社 2012 年版。
［德］康德：《实践理性批判》，韩水法译，商务印书馆 1999 年版。
［加］克里夫・贝克：《优化学校教育：一种价值的观点》，戚万学等译，华东师范大学出版社 2003 年版。
［德］雅思贝尔斯：《什么是教育》，邹进译，生活・读书・新知三联书店 1991 年版。
［古希腊］亚里士多德：《尼各马可伦理学》，廖申白译，商务印书馆 2003 年版。
［英］约翰・威尔逊：《道德教育新论》，蒋一之译，浙江教育出版社 2003 年版。

四　期刊论文

艾素平：《移动互联网时代高职学生自律精神培育刍议》，《学校党建与思想教育》2016 年第 16 期。

蒋丽：《网络环境下加强大学生道德自律教育的途径》，《新西部》2018 年第 18 期。

李伟波：《新媒体时代“慎独”与大学生网络道德自律培养》，《北方工业大学学报》2019 年第 4 期。

廖小琴：《新时代我国社会主要矛盾的逻辑生成与实践指向》，《马克思主义与现实》2018 年第 2 期。

刘眉：《大学生自律诚信意识培养路径研究——以设立诚信考场为例》，《科技风》2020 年第 2 期。

骆郁廷、吴楠：《启发自觉与制度规范：学风教育的双重视角》，《中国高教研究》2019 年第 4 期。

宋小红：《深刻认识网络“泛娱乐化”对大学生的影响》，《思想理论教育导刊》2019 年第 9 期。

眭依凡、赵彩霞：《自主与自律：大学教师权力与责任的博弈》，《江苏高教》2017 年第 8 期。

陶金花：《他律与自律：大学生责任感教育的路径》，《学校党建与思想教育》2020 年第 19 期。

田晨苗、葛涵博、程秀花：《论大学生自律意识与能力的培养》，《科教文汇（上旬刊）》2018 年第 7 期。

王鹤岩、童春红：《后疫情时代大学生道德修养提升的三维探析》，《思想政治教育研究》2020 年第 6 期。

邬海峰、高艳丽、乔芳琦：《“双主体”视域下大学生网络思想政治教育研究》，《学校党建与思想教育》2020 年第 21 期。

吴小军、郭锋萍：《高校思想政治教育与学生干部自我管理能力的提升》，《江苏高教》2019 年第 9 期。

邢斐：《大学生道德建设的教育引导与实践养成》，《学校党建与思想教育》2020 年第 11 期。

杨国欣、宋韶培：《新媒体场域下大学生生活方式问题研究》，《学校党建与思想教育》2020 年第 5 期。

袁颖芳：《自信 自觉 自律 自强 涵养大学生优秀传统文化观的四个维度》，《人民论坛》2018 年第 17 期。